TRAITÉ
DE TISSAGE.

ATLAS

Imprimerie de E. Guyot, rue de Pachéco, 12.

TRAITÉ
DE TISSAGE

DEUXIÈME PARTIE.

COMPOSITION DES TISSUS

ET SPÉCIALEMENT

DE LA DRAPERIE-NOUVEAUTÉ

PAR

T. BONA,

Directeur de l'École de tissage et de dessin industriel de Verviers.

ATLAS

BRUXELLES,

ÉMILE TARLIER, ÉDITEUR,

5, MONTAGNE DE L'ORATOIRE, 5.

1863

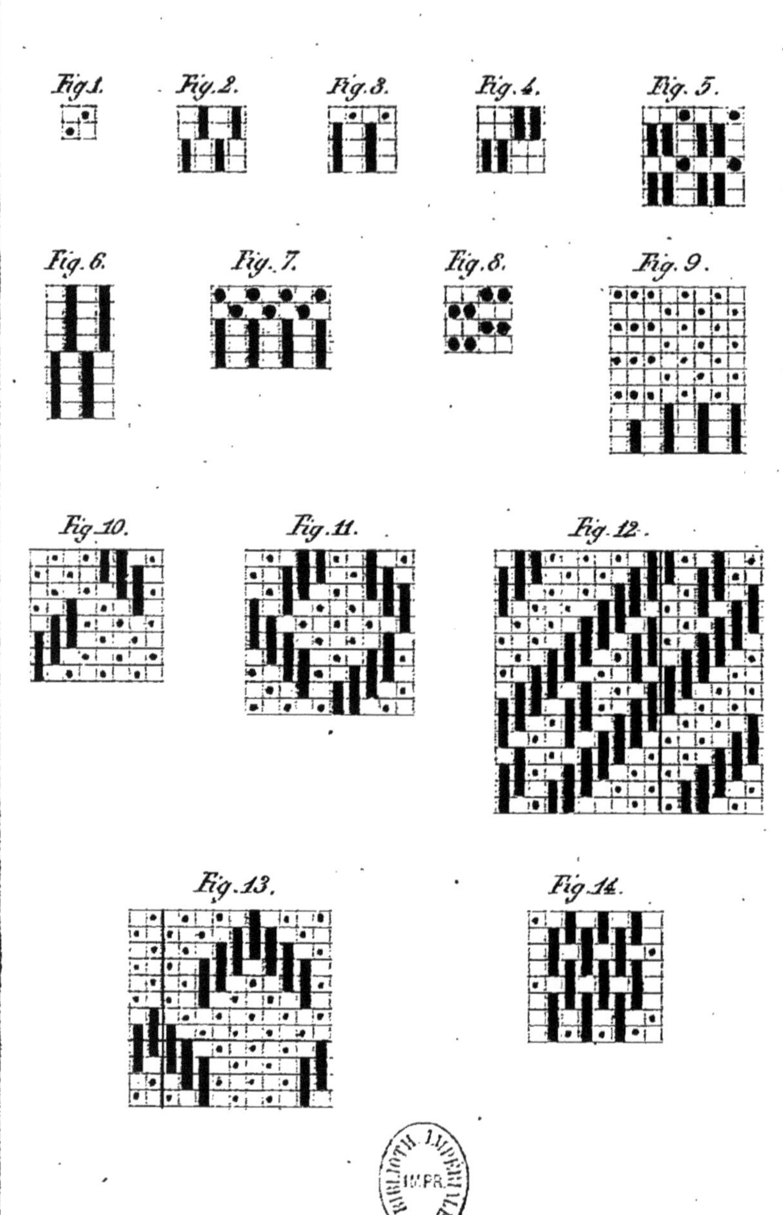

Fig. 1. Fig. 2. Fig. 3. Fig. 4. Fig. 5.

Fig. 6. Fig. 7. Fig. 8. Fig. 9.

Fig. 10. Fig. 11. Fig. 12.

Fig. 13. Fig. 14.

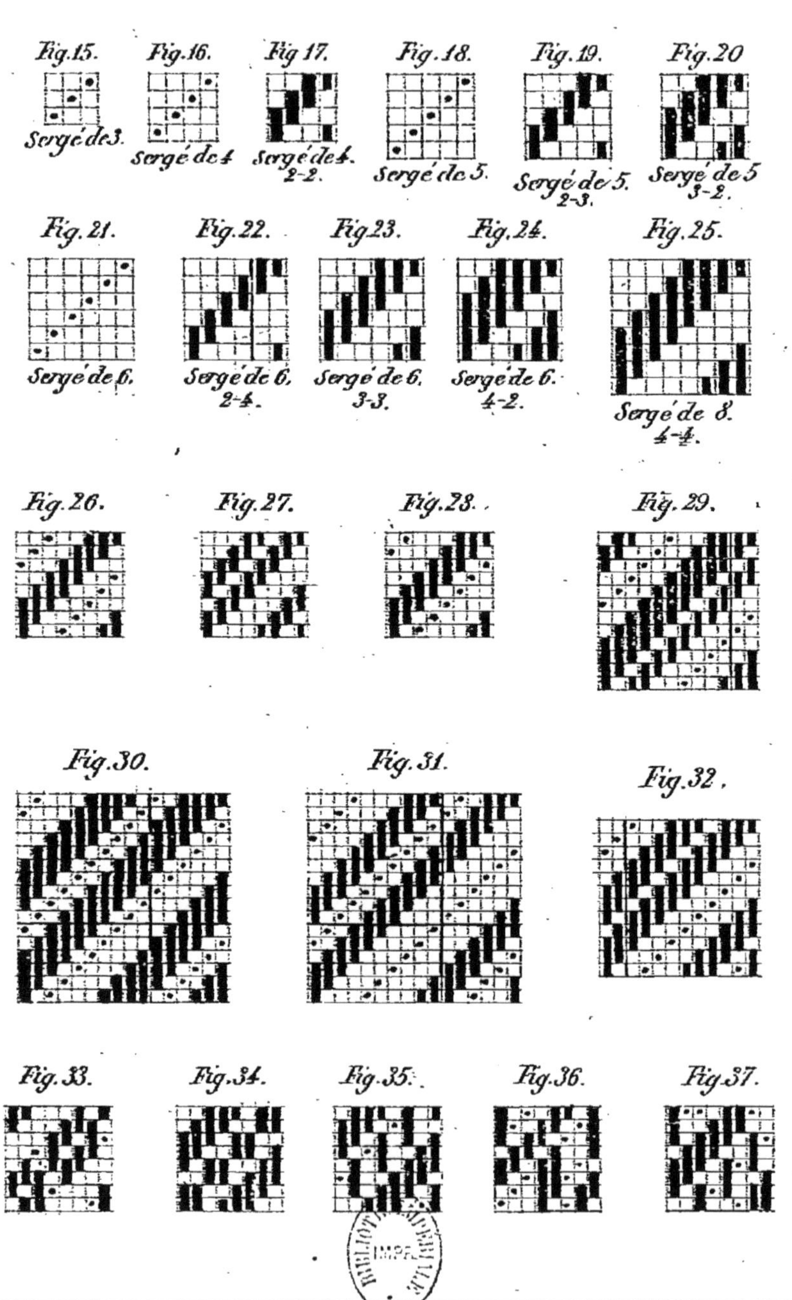

Fig.15.
Fig.16.
Fig 17.
Fig.18.
Fig.19.
Fig.20
Serge de 3.
Serge de 4.
Serge de 4. 2-2.
Serge de 5.
Serge de 5. 2-3.
Serge de 5. 3-2.
Fig.21.
Fig.22.
Fig.23.
Fig.24.
Fig.25.
Serge de 6.
Serge de 6. 2-4.
Serge de 6. 3-3.
Serge de 6. 4-2.
Serge de 8. 4-4.
Fig.26.
Fig.27.
Fig.28.
Fig.29.
Fig.30.
Fig.31.
Fig.32.
Fig. 33.
Fig. 34.
Fig. 35.
Fig. 36.
Fig. 37.

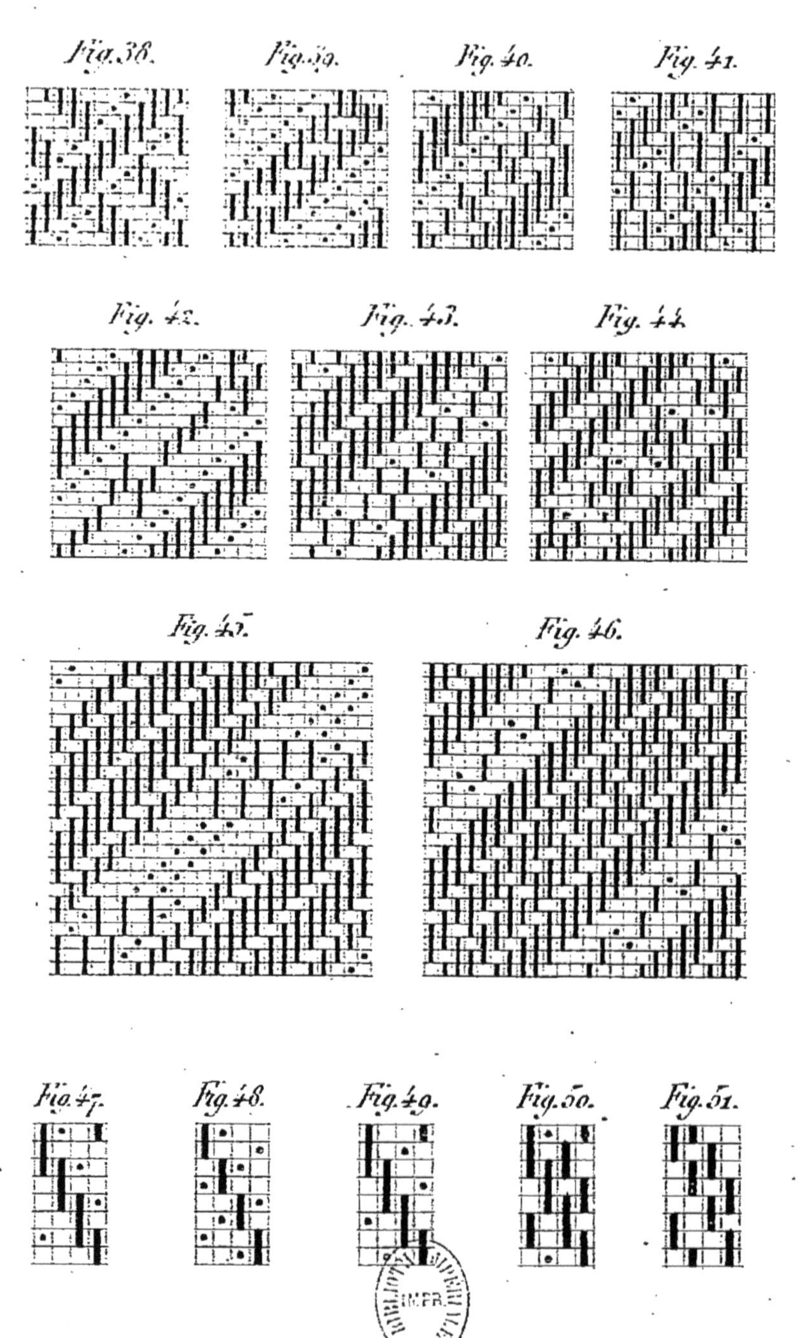

Fig.38.
Fig.39.
Fig.40.
Fig.41.
Fig.42.
Fig.43.
Fig.44.
Fig.45.
Fig.46.
Fig.47.
Fig.48.
Fig.49.
Fig.50.
Fig.51.

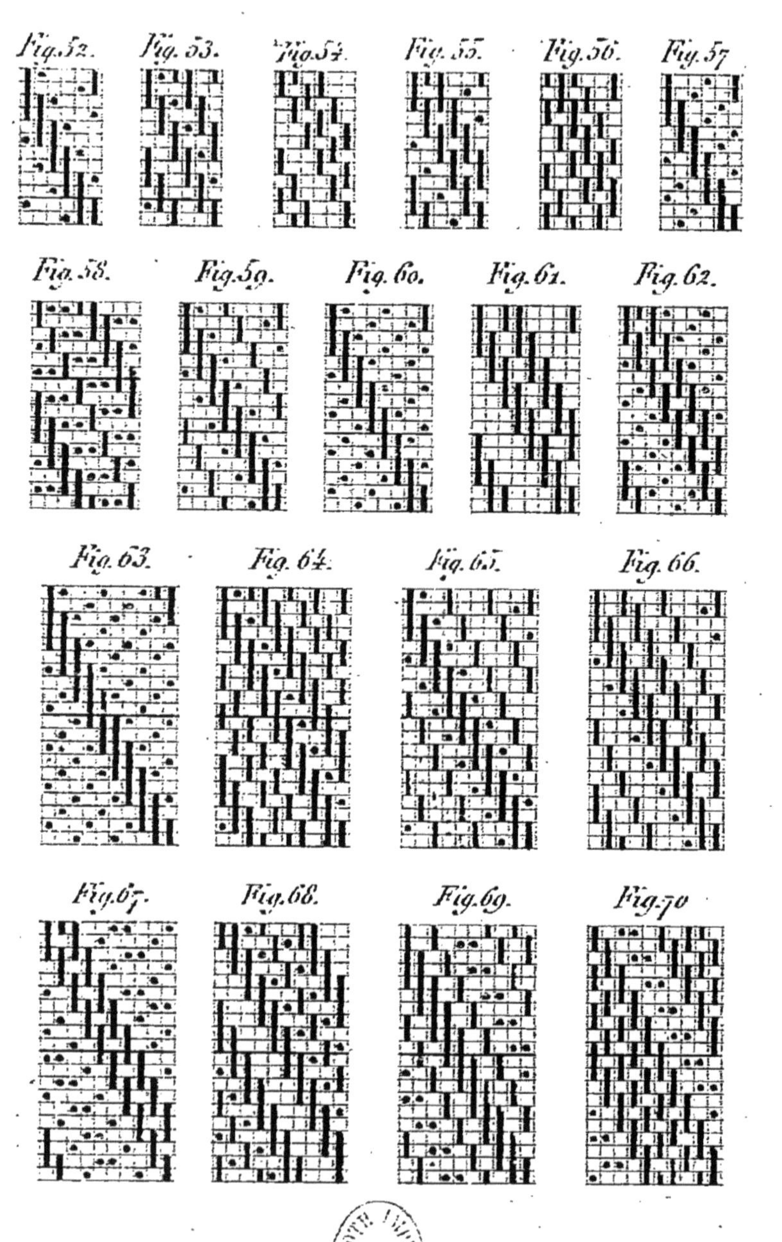

Fig.52.
Fig.53.
Fig.54.
Fig.55.
Fig.56.
Fig.57.
Fig.58.
Fig.59.
Fig.60.
Fig.61.
Fig.62.
Fig.63.
Fig.64.
Fig.65.
Fig.66.
Fig.67.
Fig.68.
Fig.69.
Fig.70.

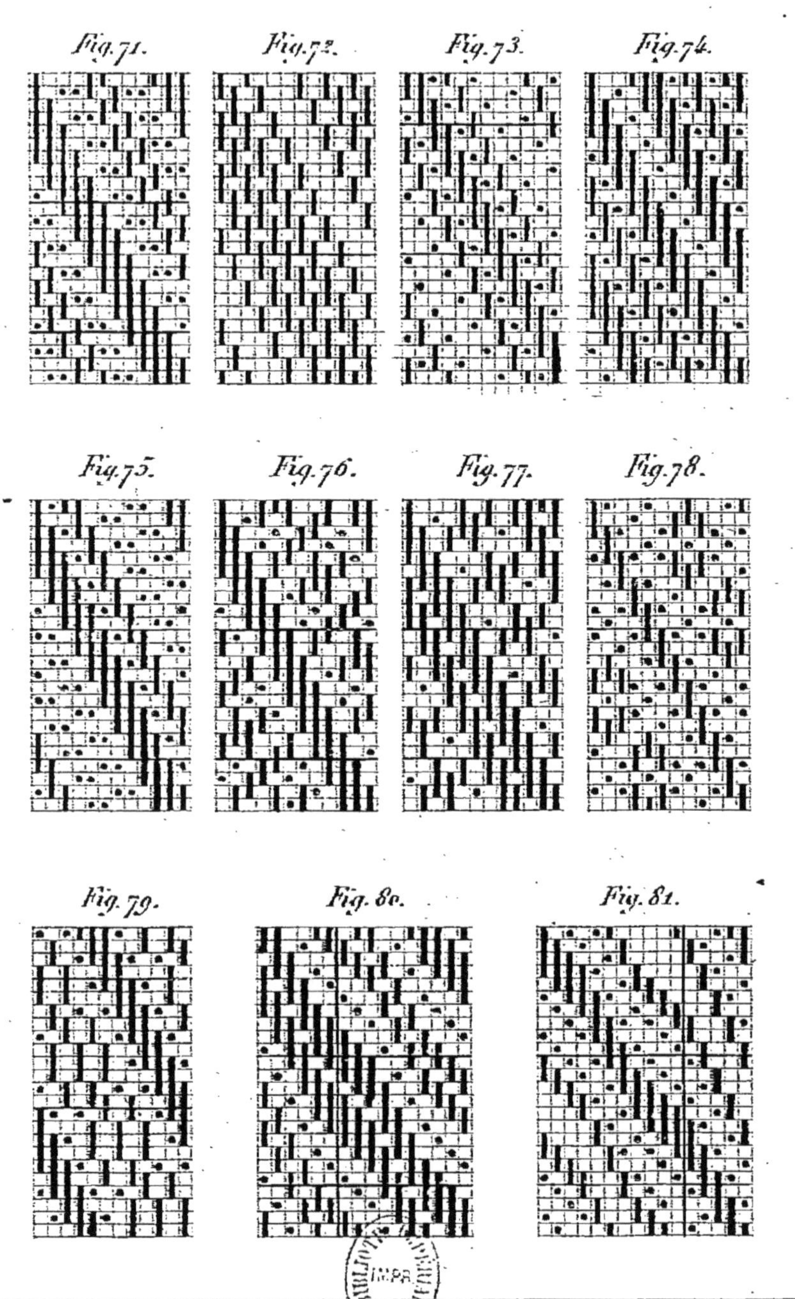

Fig. 71. Fig. 72. Fig. 73. Fig. 74.

Fig. 75. Fig. 76. Fig. 77. Fig. 78.

Fig. 79. Fig. 80. Fig. 81.

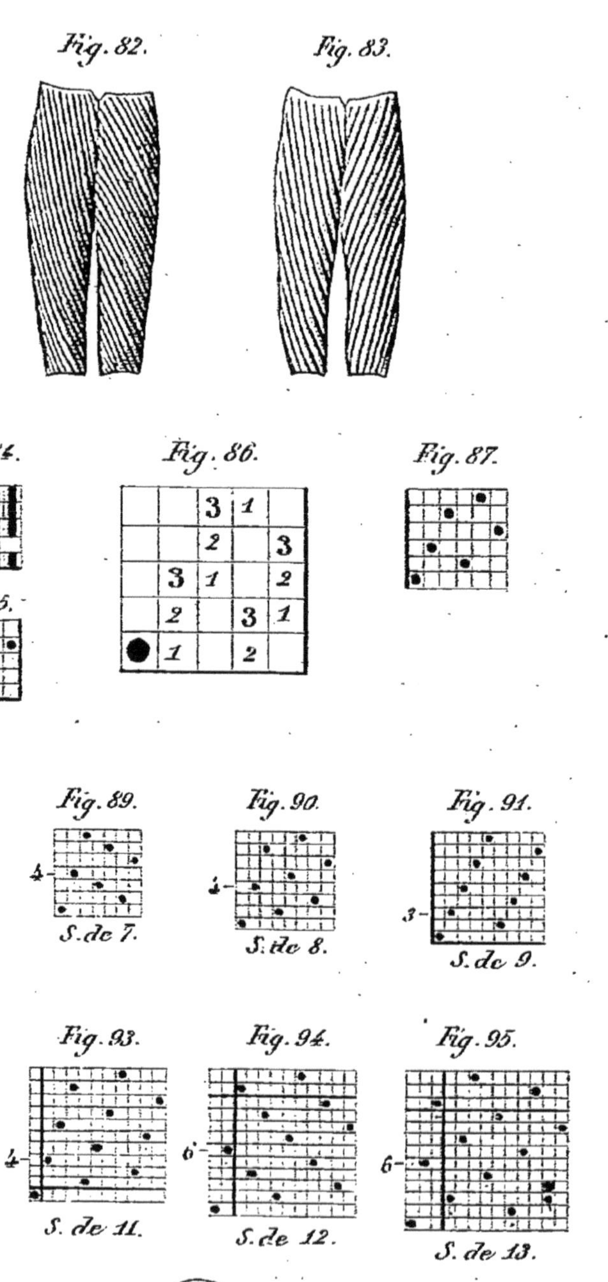
Fig. 82.
Fig. 83.
Fig. 84.
Fig. 86.
Fig. 87.
Fig. 85.
Fig. 88.
3-
Satin de 5.
Fig. 89.
4-
S. de 7.
Fig. 90.
4-
S. de 8.
Fig. 91.
3-
S. de 9.
Fig. 92.
4-
S. de 10.
Fig. 93.
4-
S. de 11.
Fig. 94.
6-
S. de 12.
Fig. 95.
6-
S. de 13.

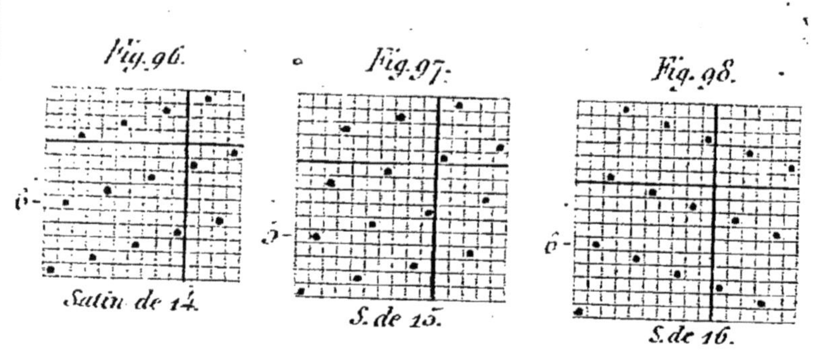

Fig. 96.

Satin de 14.

Fig. 97.

S. de 15.

Fig. 98.

S. de 16.

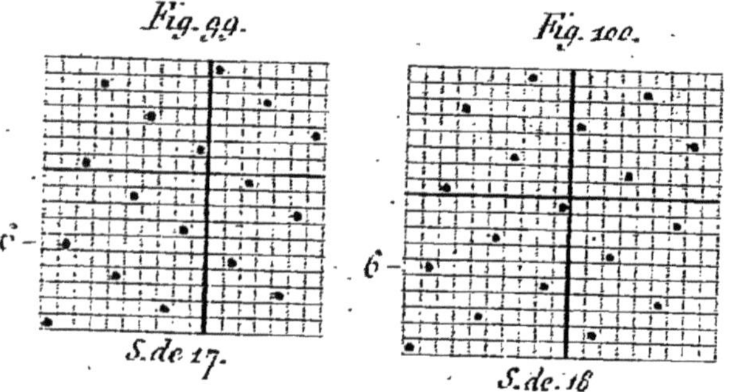

Fig. 99.

S. de 17.

Fig. 100.

S. de 18.

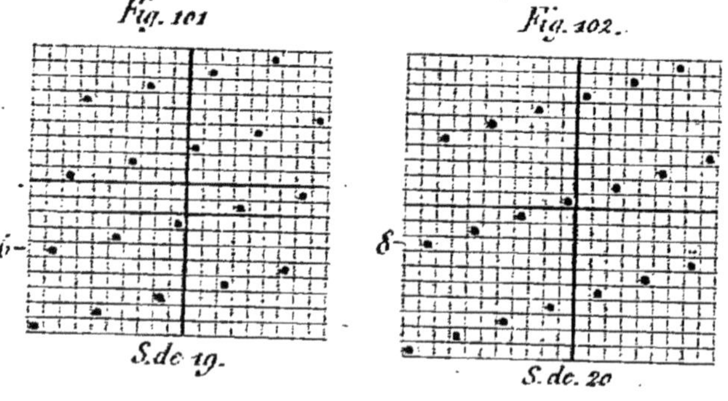

Fig. 101.

S. de 19.

Fig. 102.

S. de 20.

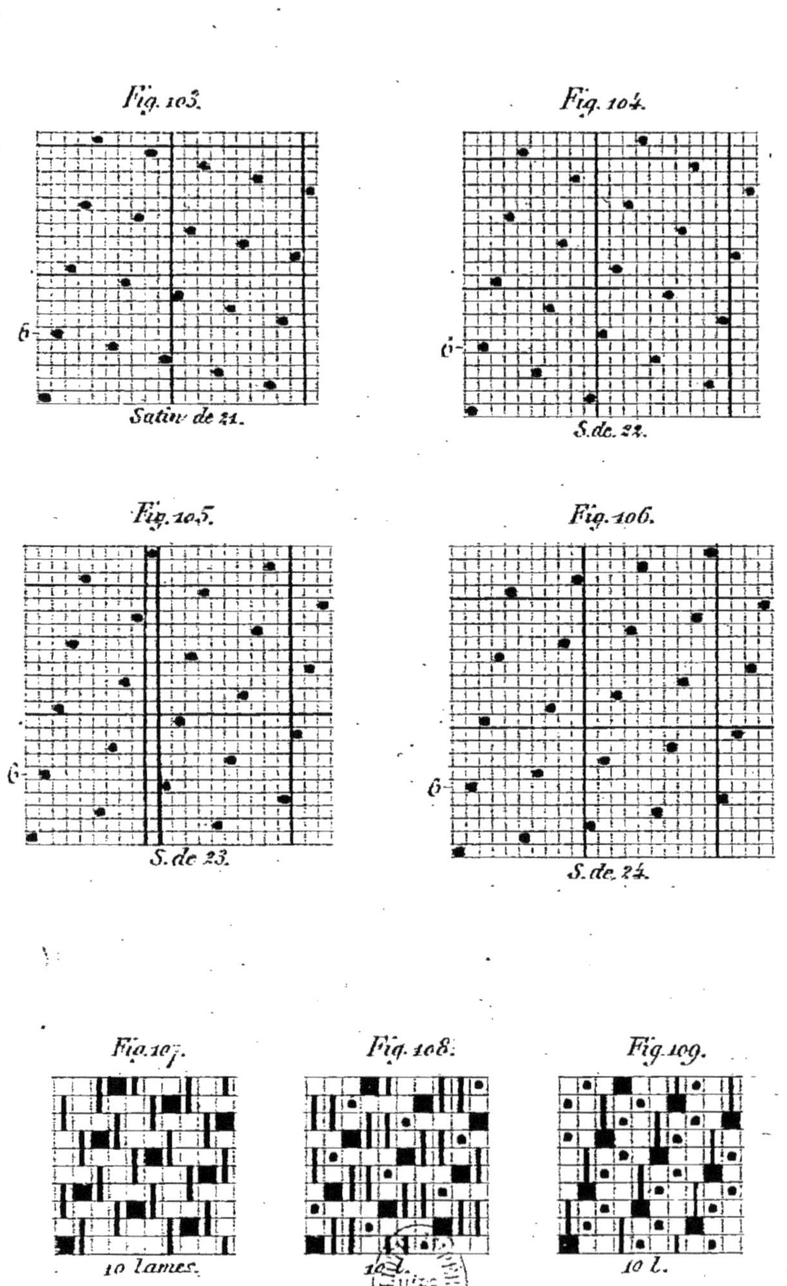

Fig. 103.
Satin de 21.
Fig. 104.
S. de. 22.
Fig. 105.
S. de 23.
Fig. 106.
S. de. 24.
Fig. 107.
10 lames.
Fig. 108.
10 l.
Fig. 109.
10 l.

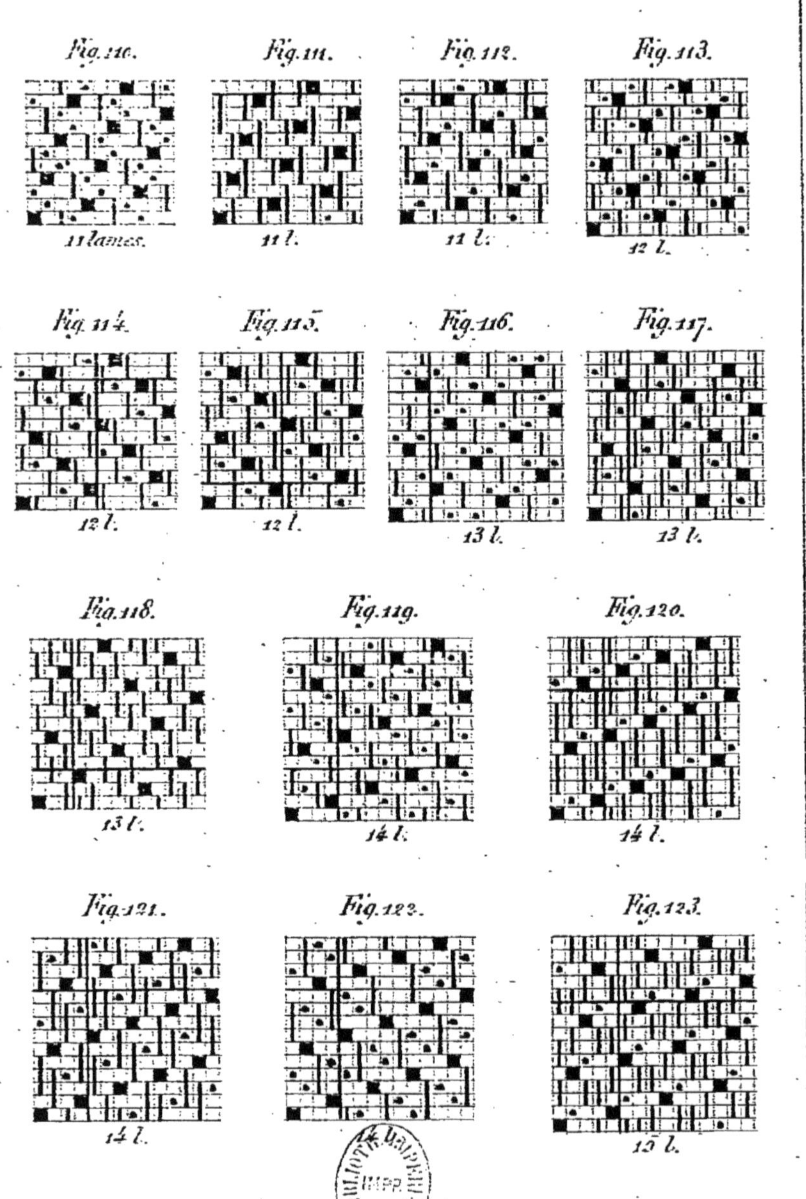

Fig. 110. — 11 lames.
Fig. 111. — 11 l.
Fig. 112. — 11 l.
Fig. 113. — 12 l.

Fig. 114. — 12 l.
Fig. 115. — 12 l.
Fig. 116. — 13 l.
Fig. 117. — 13 l.

Fig. 118. — 13 l.
Fig. 119. — 14 l.
Fig. 120. — 14 l.

Fig. 121. — 14 l.
Fig. 122. — 14 l.
Fig. 123. — 15 l.

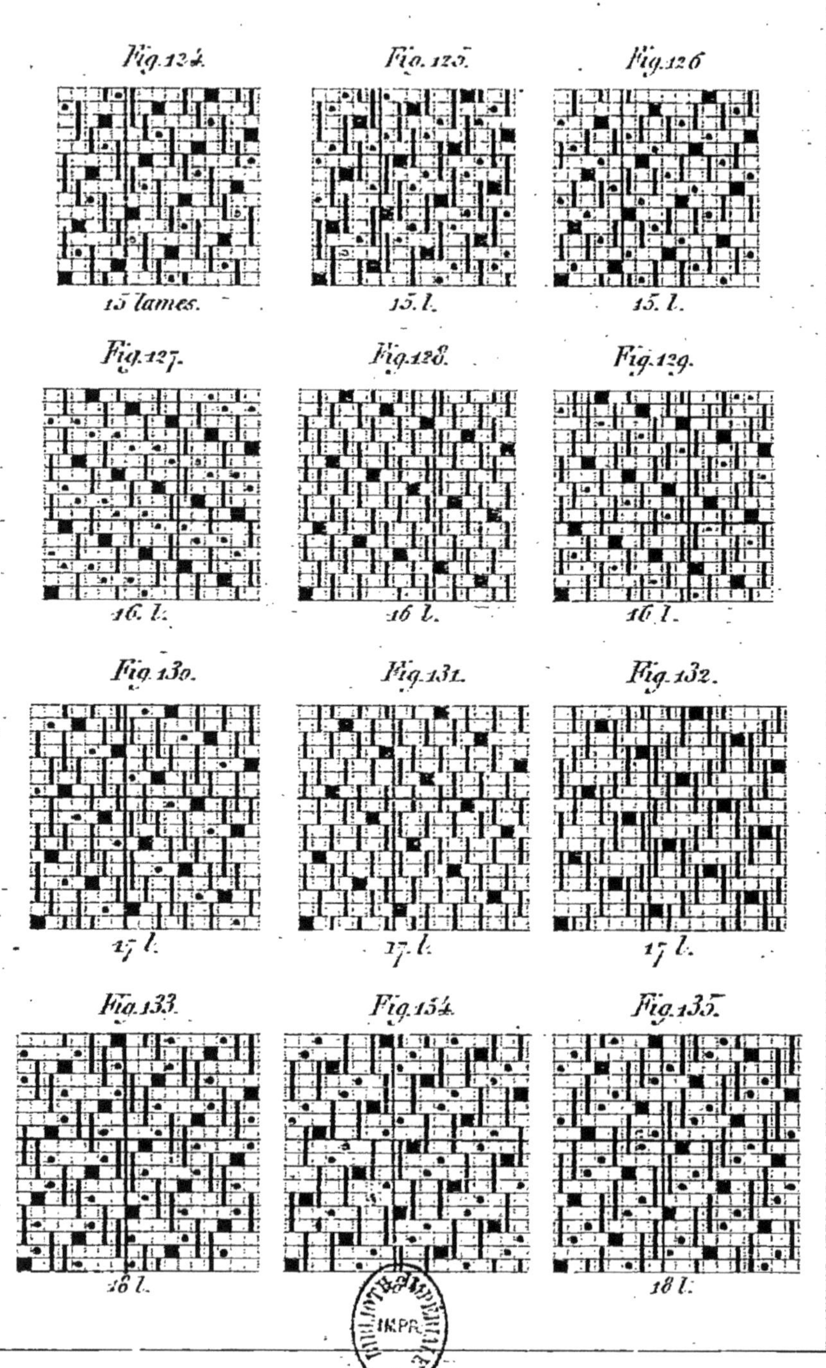

Fig. 124.

15 lames.

Fig. 125.

15. l.

Fig. 126.

15. l.

Fig. 127.

16. l.

Fig. 128.

16. l.

Fig. 129.

16. l.

Fig. 130.

17. l.

Fig. 131.

17. l.

Fig. 132.

17. l.

Fig. 133.

18 l.

Fig. 134.

Fig. 135.

18 l.

Fig. 136.

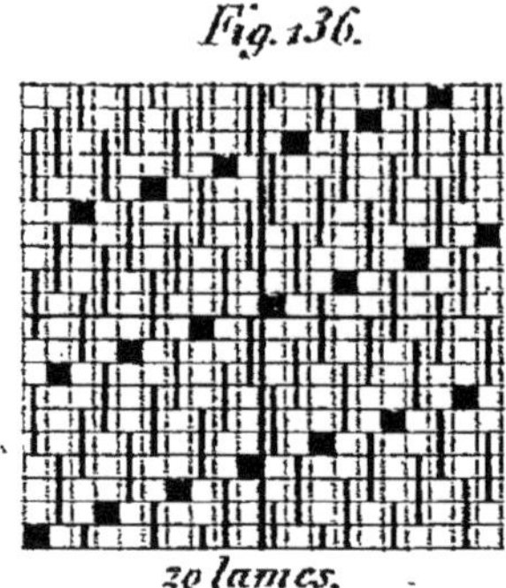

20 lames.

Fig. 137

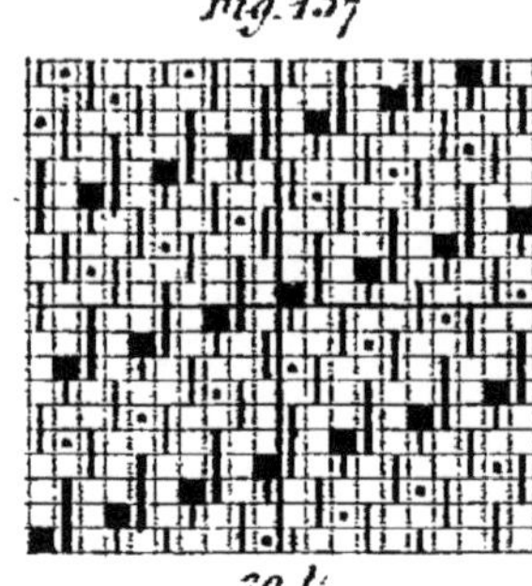

20 l.

Fig. 138.

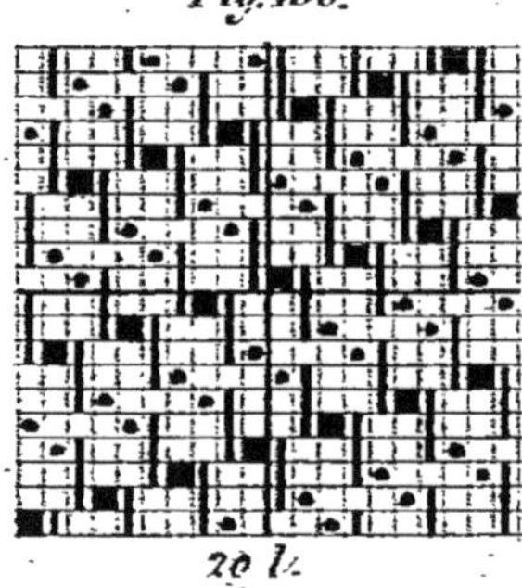

20 l.

Fig. 139.

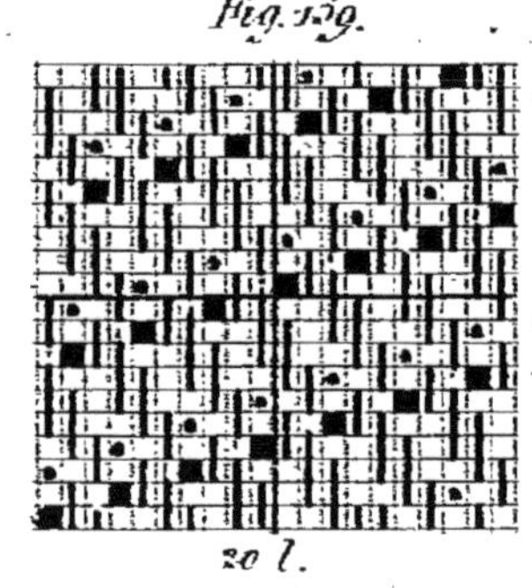

20 l.

Fig. 140.

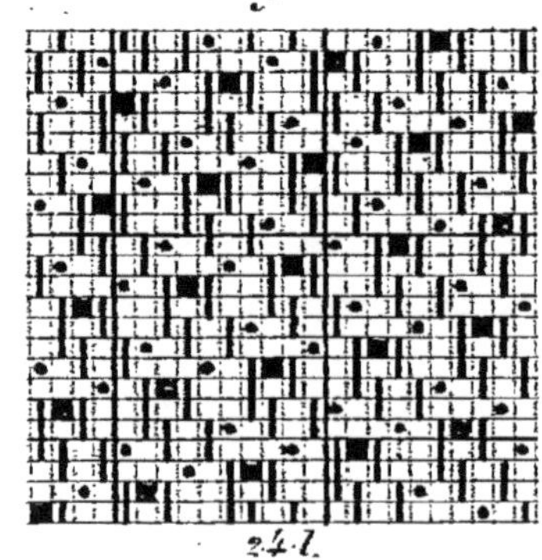

24 l.

Fig. 141.

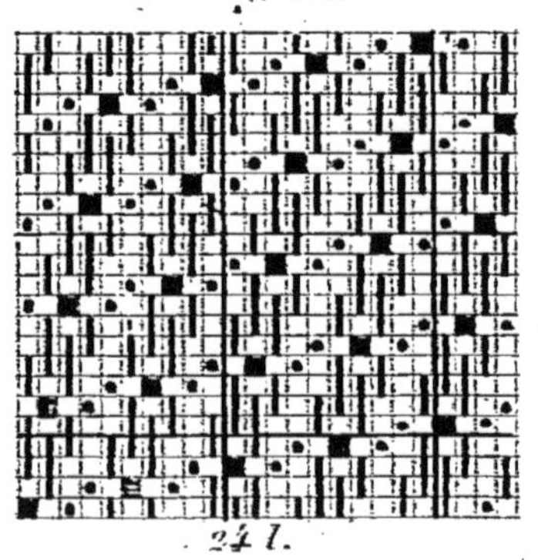

24 l.

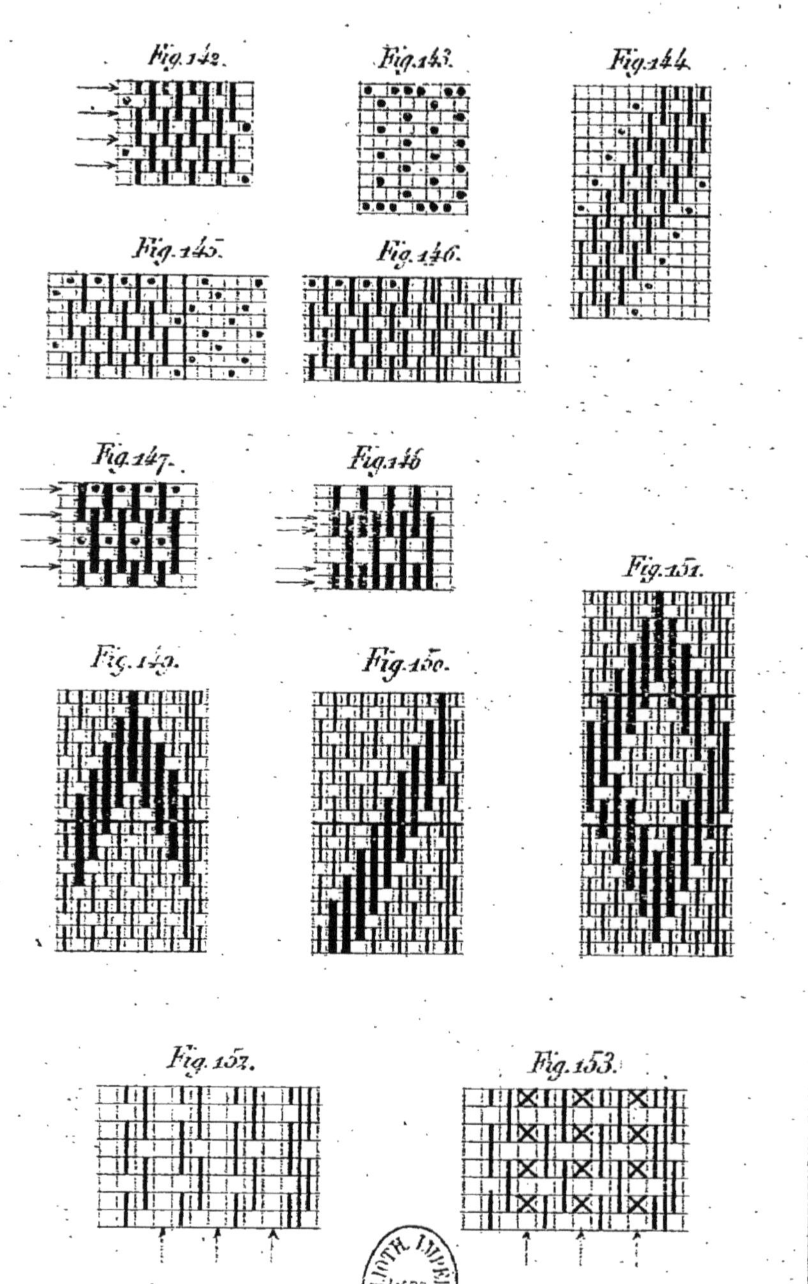

Fig. 142. Fig. 143. Fig. 144.
Fig. 145. Fig. 146.
Fig. 147. Fig. 148.
Fig. 149. Fig. 150. Fig. 151.
Fig. 152. Fig. 153.

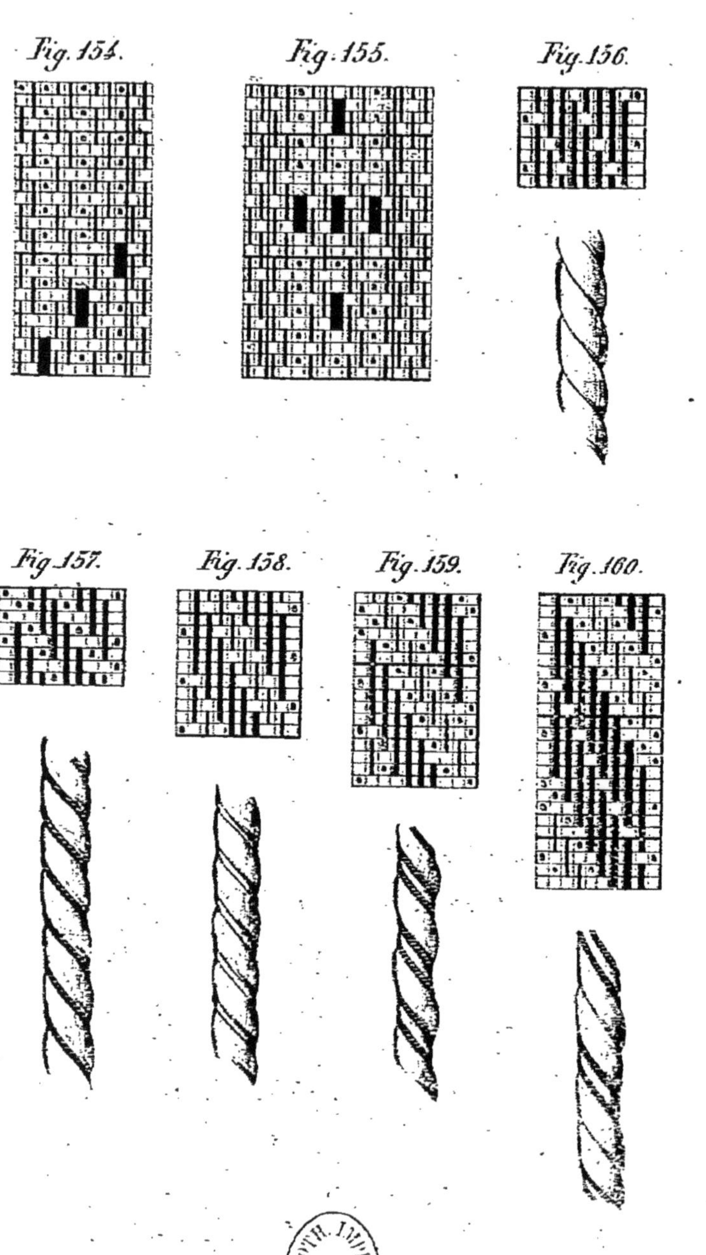

Fig. 154.   Fig. 155.   Fig. 156.

Fig. 157.   Fig. 158.   Fig. 159.   Fig. 160.

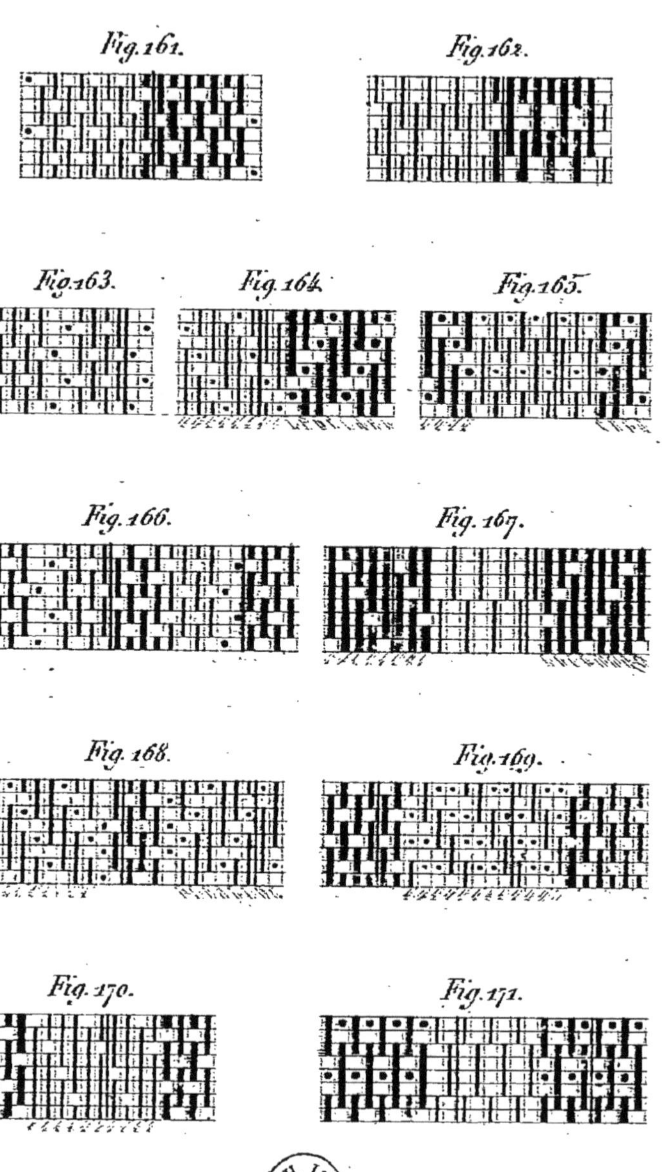

Fig. 161.   Fig. 162.

Fig. 163.   Fig. 164.   Fig. 165.

Fig. 166.   Fig. 167.

Fig. 168.   Fig. 169.

Fig. 170.   Fig. 171.

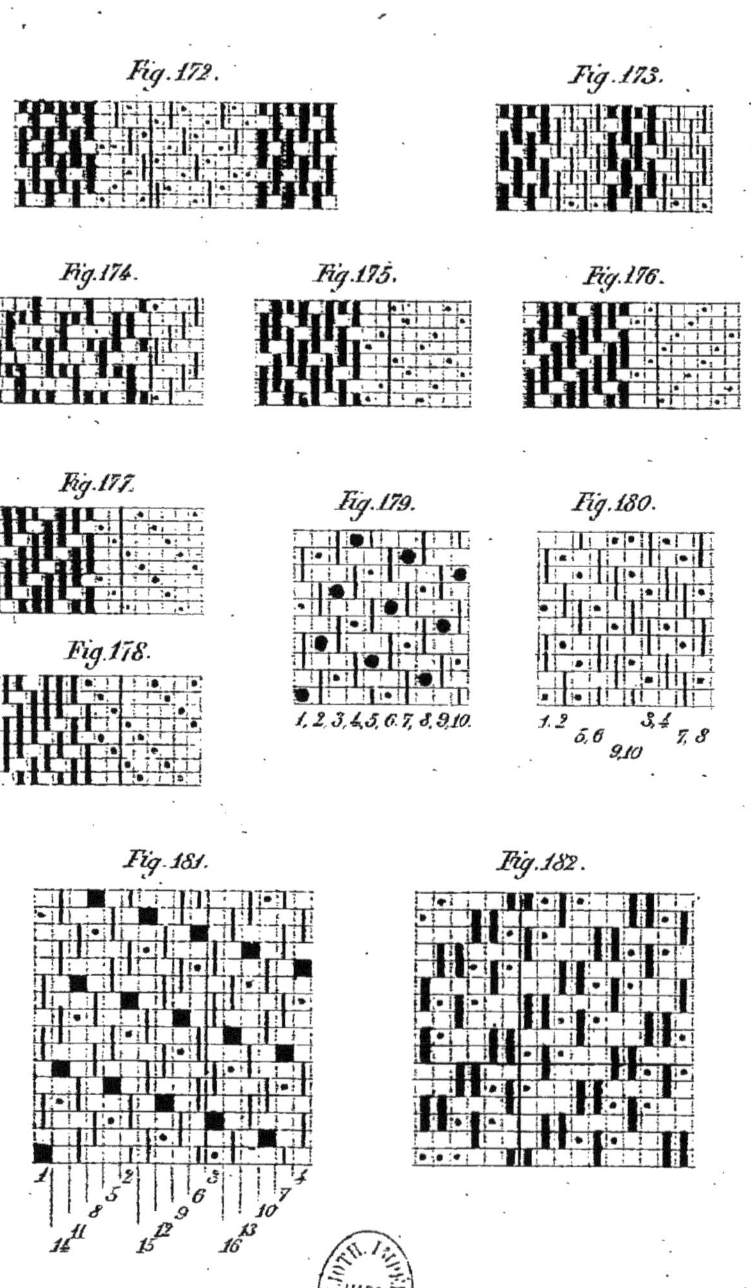

Fig. 172.

Fig. 173.

Fig. 174.

Fig. 175.

Fig. 176.

Fig. 177.

Fig. 179.

Fig. 180.

Fig. 178.

1, 2, 3, 4, 5, 6, 7, 8, 9, 10.

1, 2   3, 4
5, 6   7, 8
9, 10

Fig. 181.

Fig. 182.

1   2   3   4
5   6   7
8   9   10
11   12   13
14   15   16

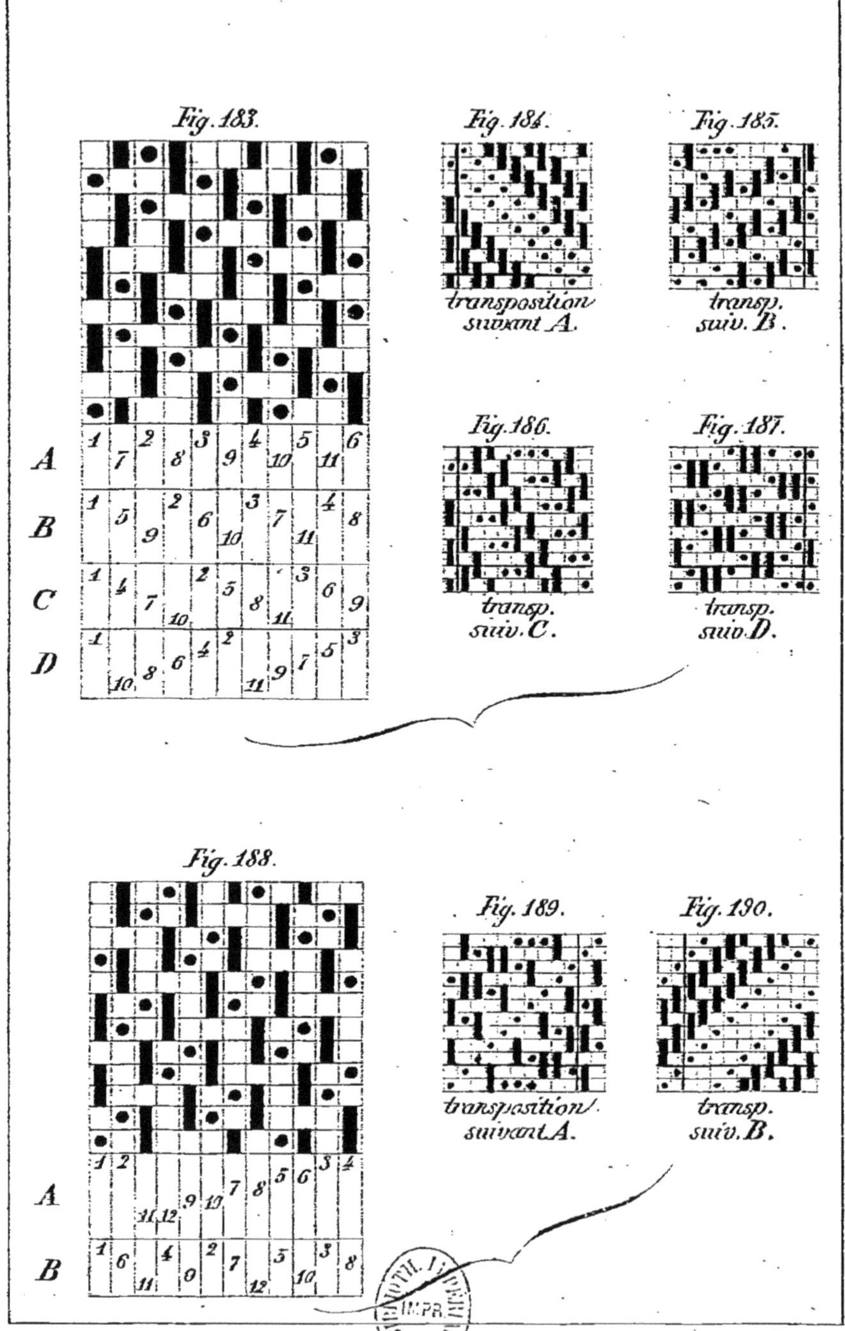

Fig. 183.

A

B

C

D

Fig. 184.

transposition
suivant A.

Fig. 185.

transp.
suiv. B.

Fig. 186.

transp.
suiv. C.

Fig. 187.

transp.
suiv. D.

Fig. 188.

A

B

Fig. 189.

transposition
suivant A.

Fig. 190.

transp.
suiv. B.

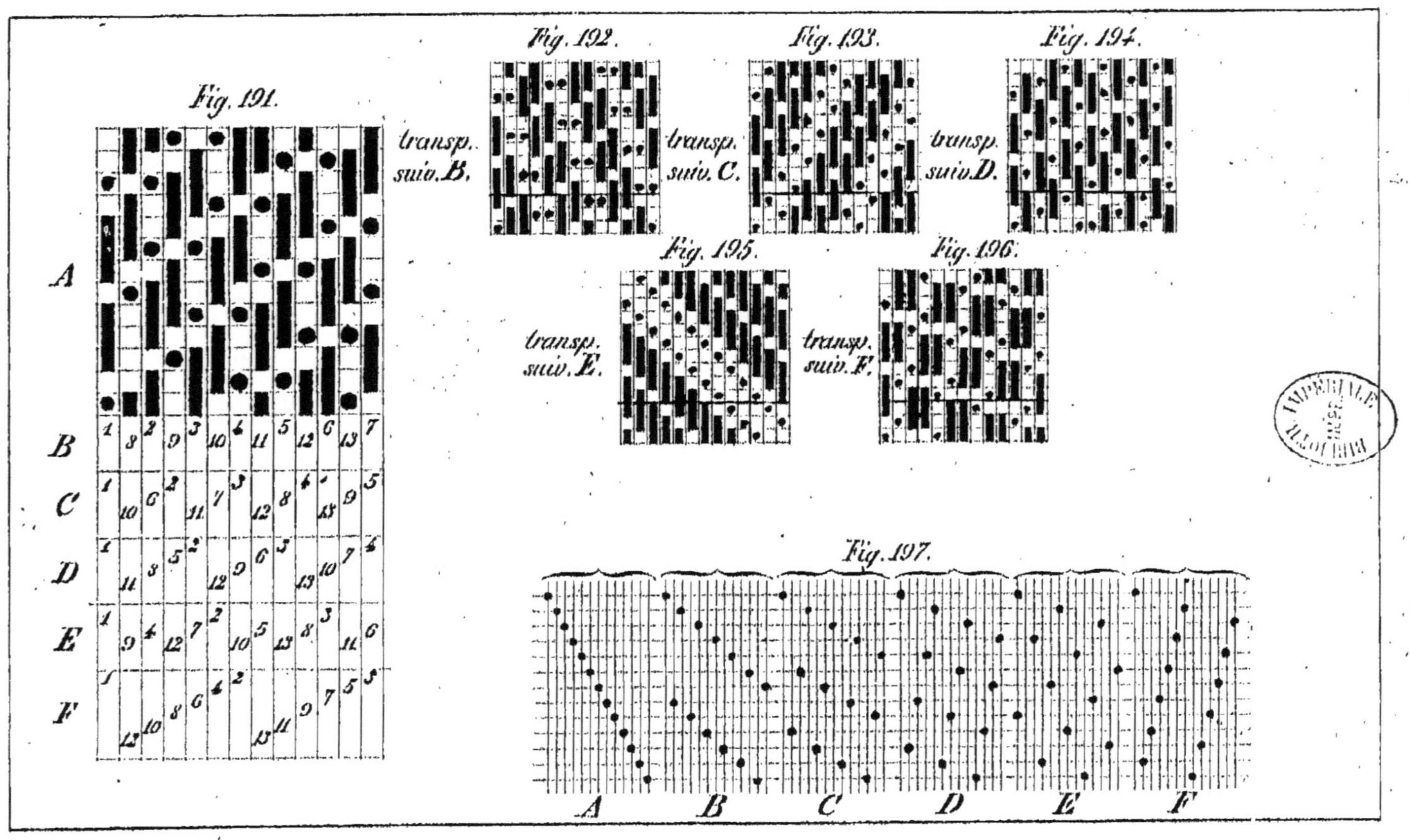
Fig. 191.
A
B
C
D
E
F
Fig. 192.
transp. suiv. B.
Fig. 193.
transp. suiv. C.
Fig. 194.
transp. suiv. D.
Fig. 195.
transp. suiv. E.
Fig. 196.
transp. suiv. F.
Fig. 197.
A
B
C
D
E
F

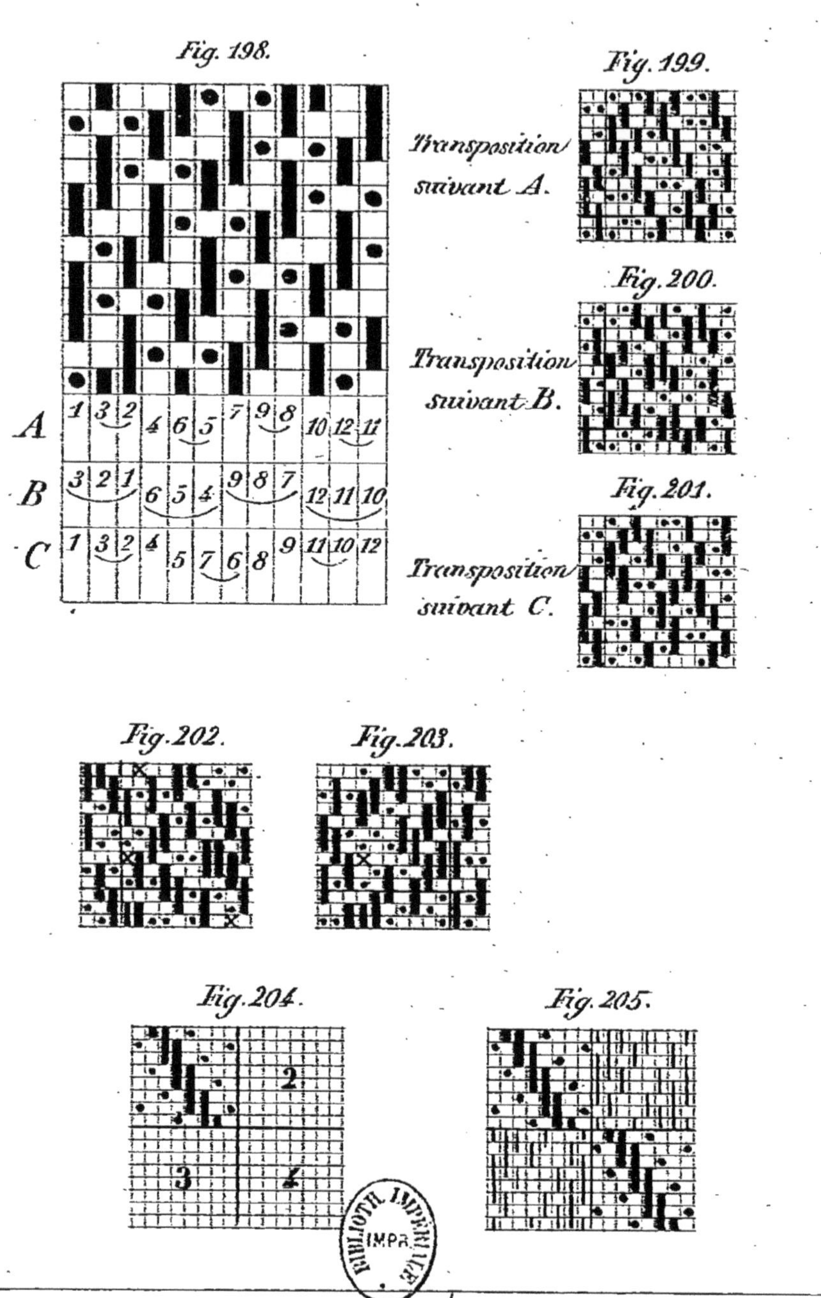

Fig. 198.

Fig. 199.

Transposition suivant A.

Fig. 200.

Transposition suivant B.

Fig. 201.

Transposition suivant C.

Fig. 202.

Fig. 203.

Fig. 204.

Fig. 205.

Fig. 206.

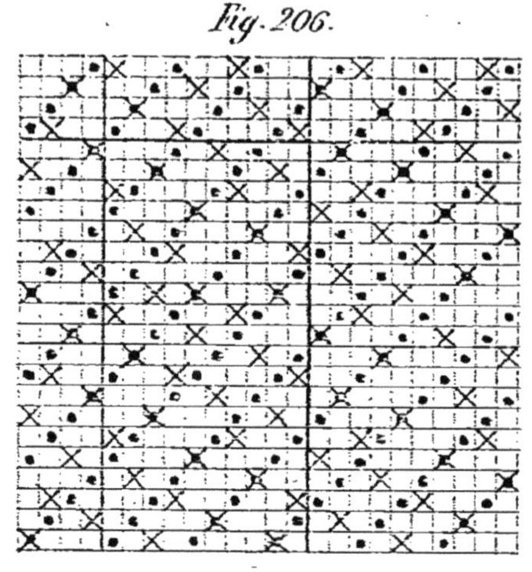

Fig. 207.

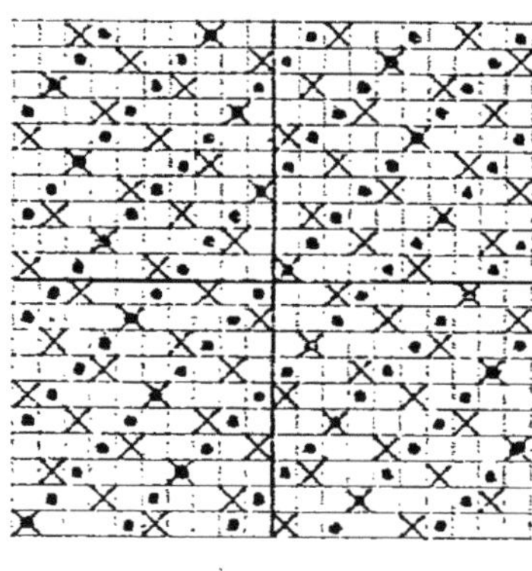

Fig. 208.

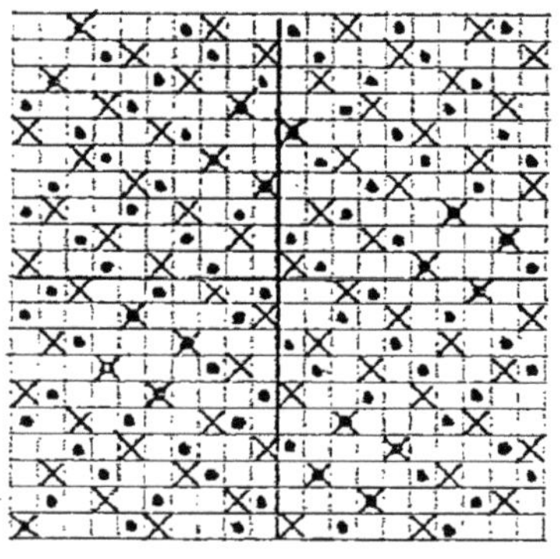

Fig. 209.

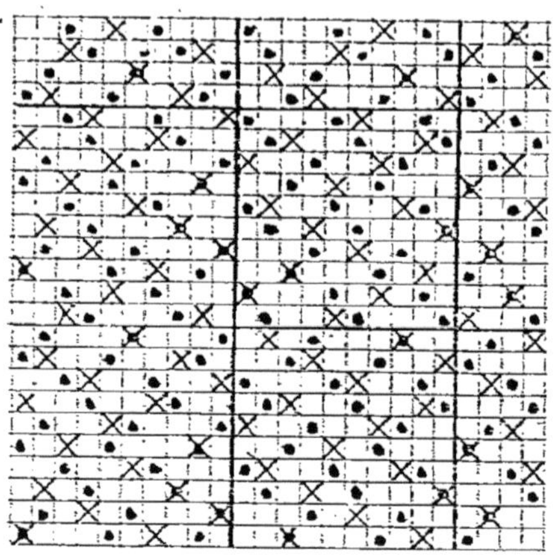

Fig. 210.

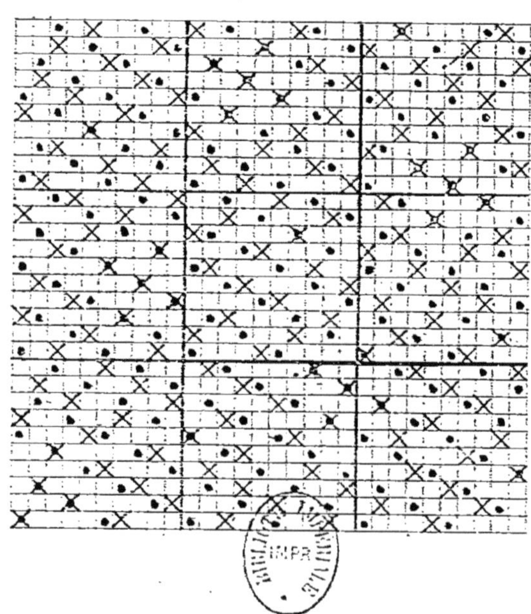

Fig. 211.

Fig. 212.

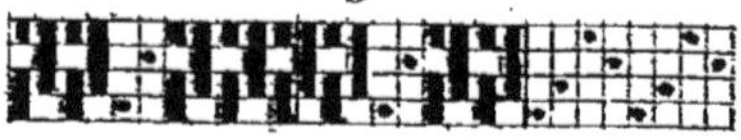

Fig. 213.

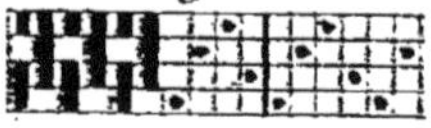

Fig. 214.

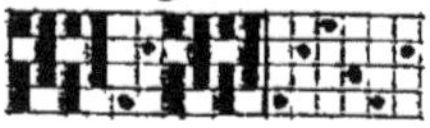

Fig. 215.

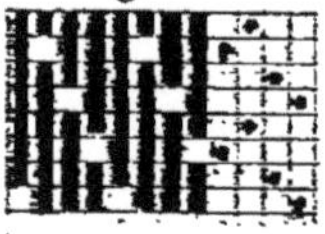

Fig. 216.

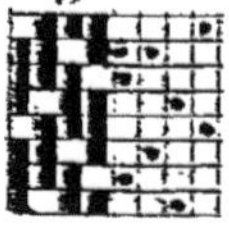

Fig. 217.

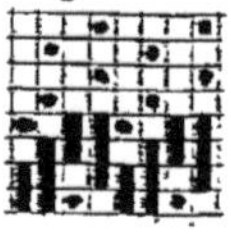

Fig. 218.

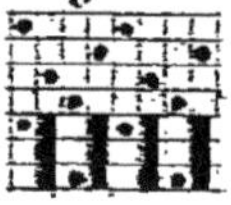

Fig. 219.

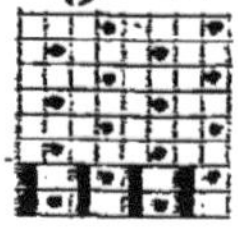

Fig. 220.

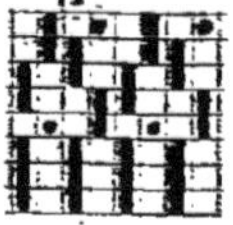

Fig. 221.

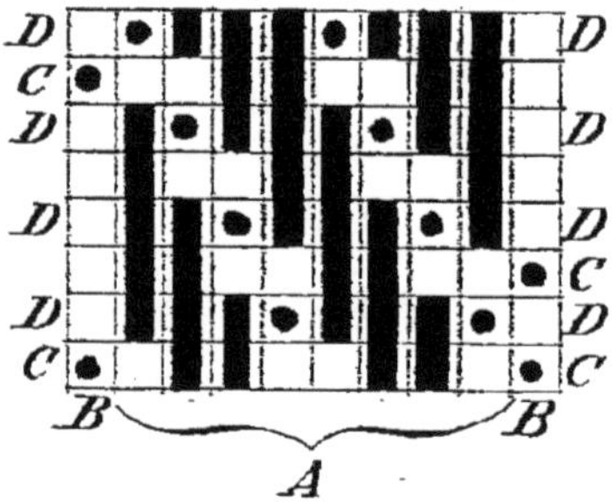

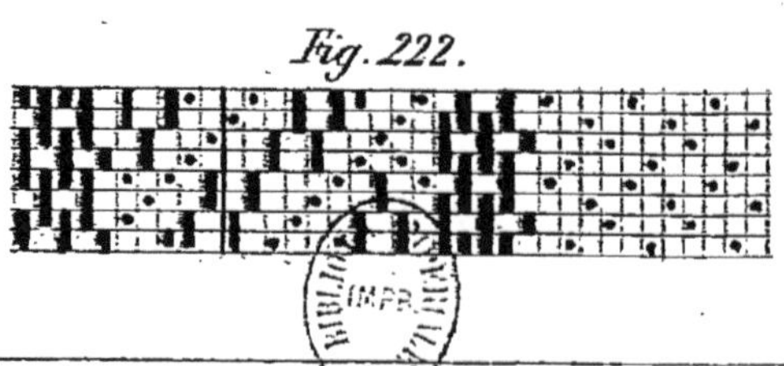

A. Torsade.
B.B. Fils de fond.
C. Carreaux nécessai-
-rement pris.
D. Carreaux nécessai-
-rement sautés.

Fig. 222.

Fig. 223.

Fig. 224.

Fig. 225.

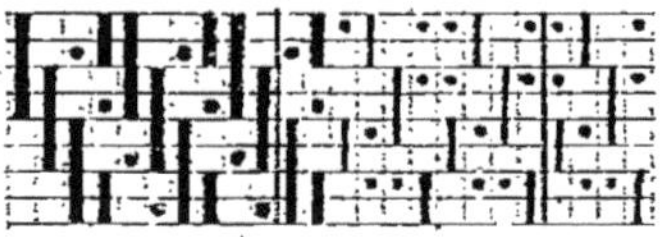

Fig. 226.

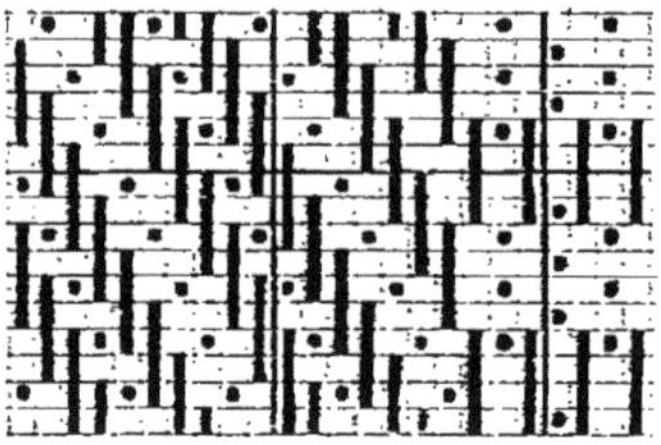

Fig. 227.

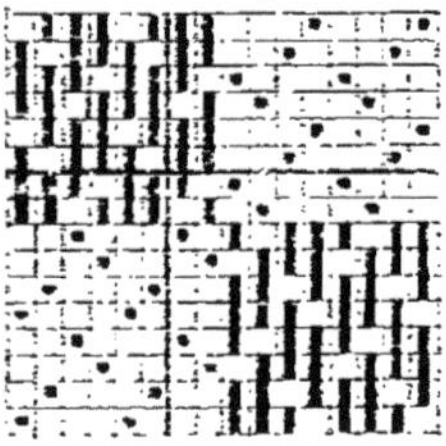

Fig. 228.

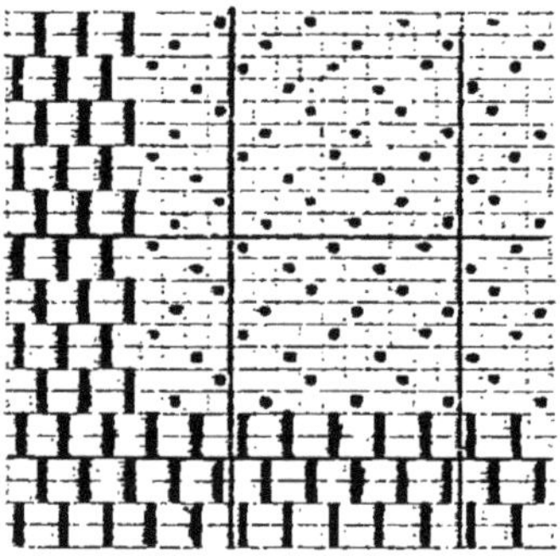

Fig. 229.

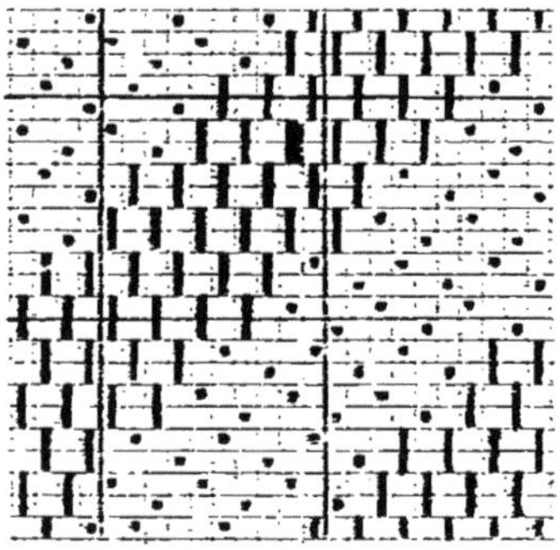

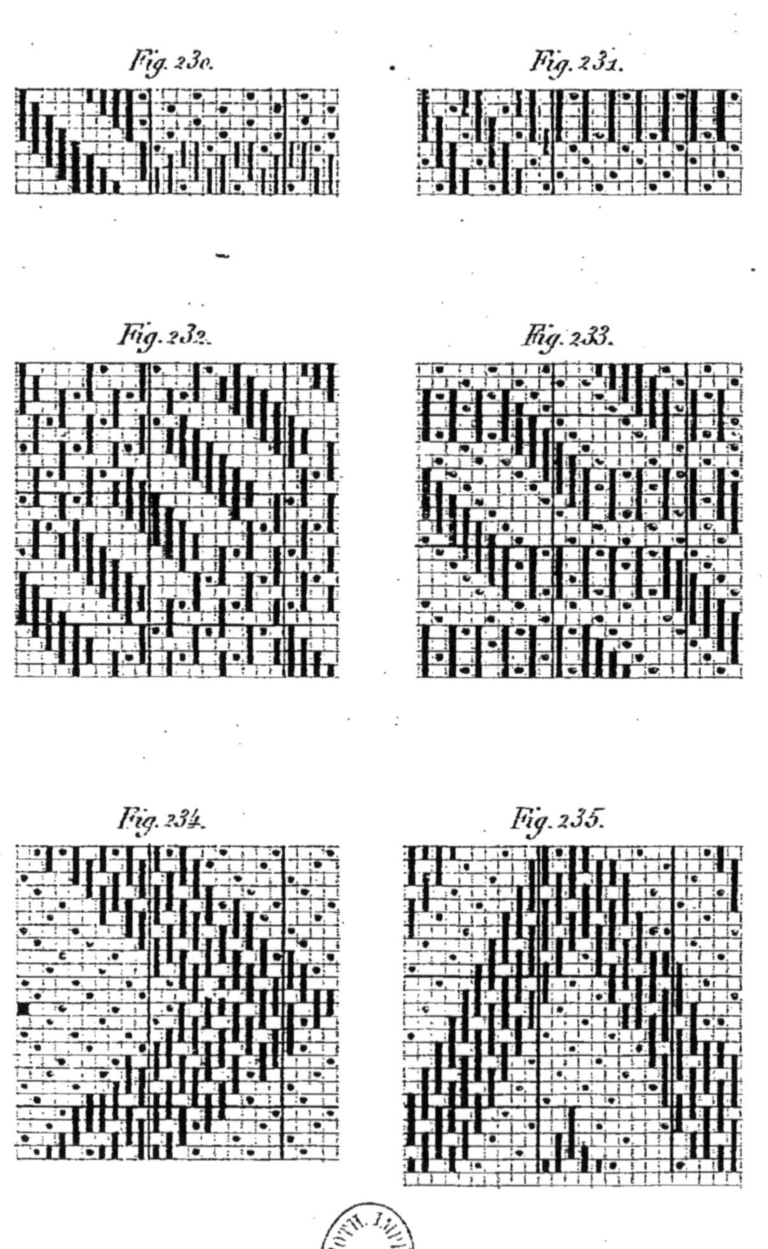

Fig. 230.

Fig. 231.

Fig. 232.

Fig. 233.

Fig. 234.

Fig. 235.

Fig. 236.

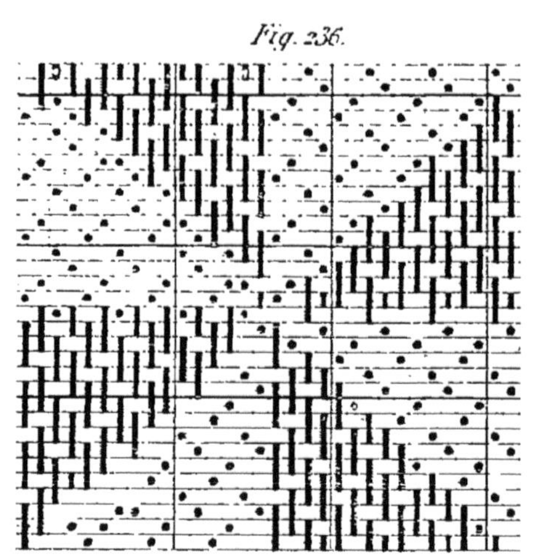

Fig. 237.

Fig. 238.

Fig. 239.

Fig. 240.

Fig. 241.

Fig. 242.

Fig. 243.

Fig. 244.

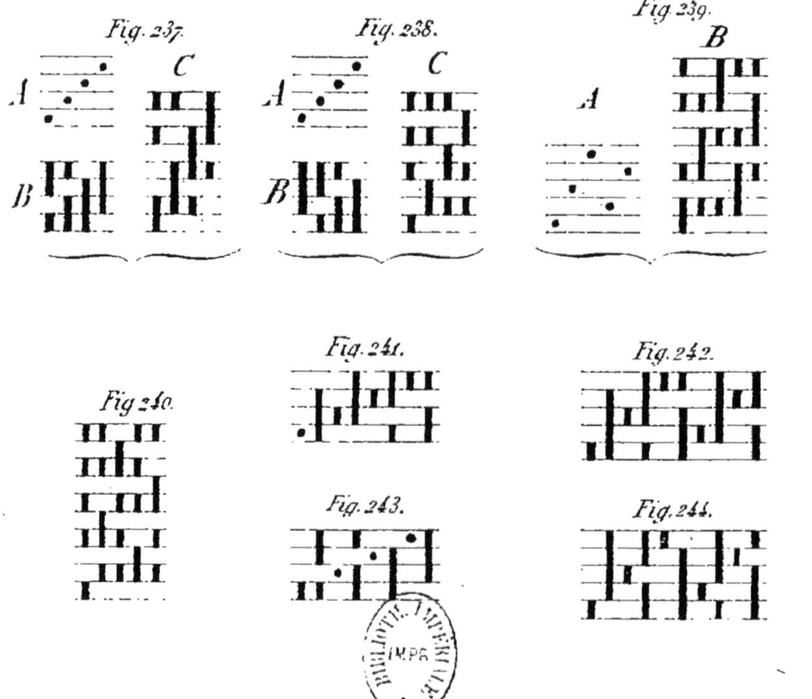

Fig. 245.

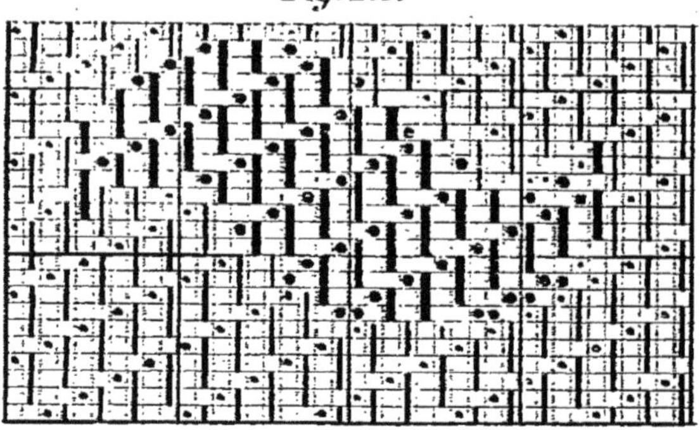

Fig. 246.

Fig. 247.

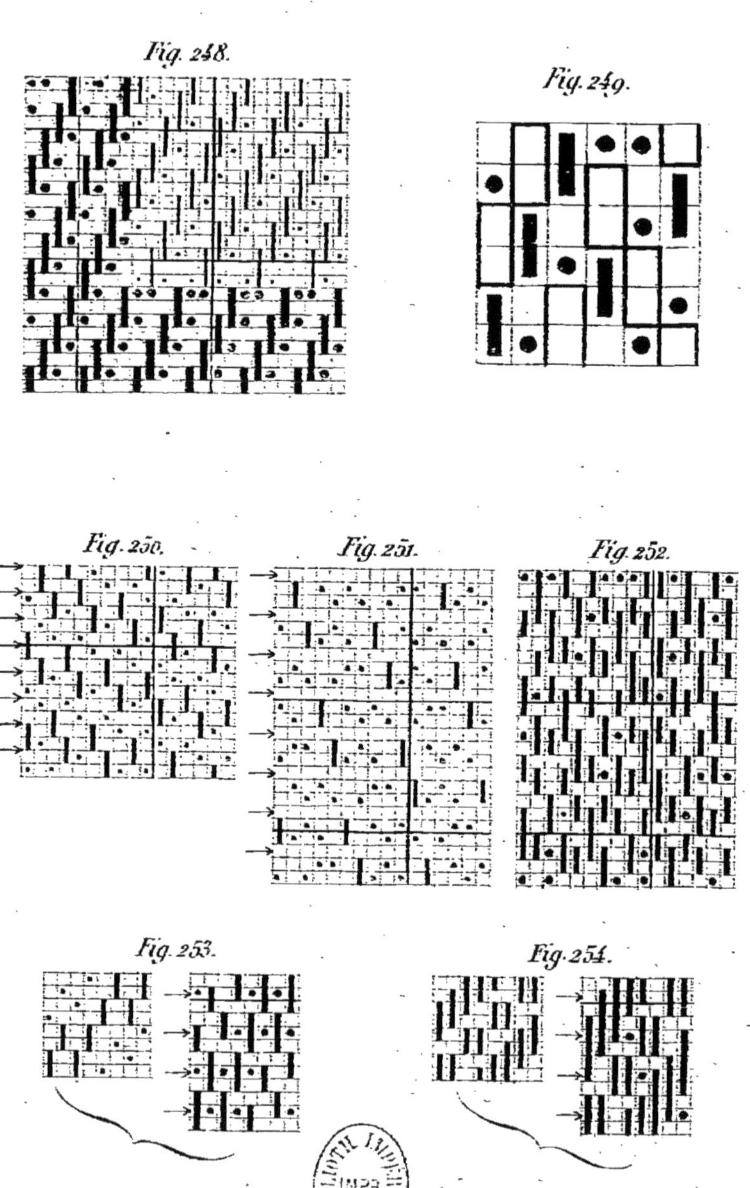

Fig. 248.

Fig. 249.

Fig. 250.

Fig. 251.

Fig. 252.

Fig. 253.

Fig. 254.

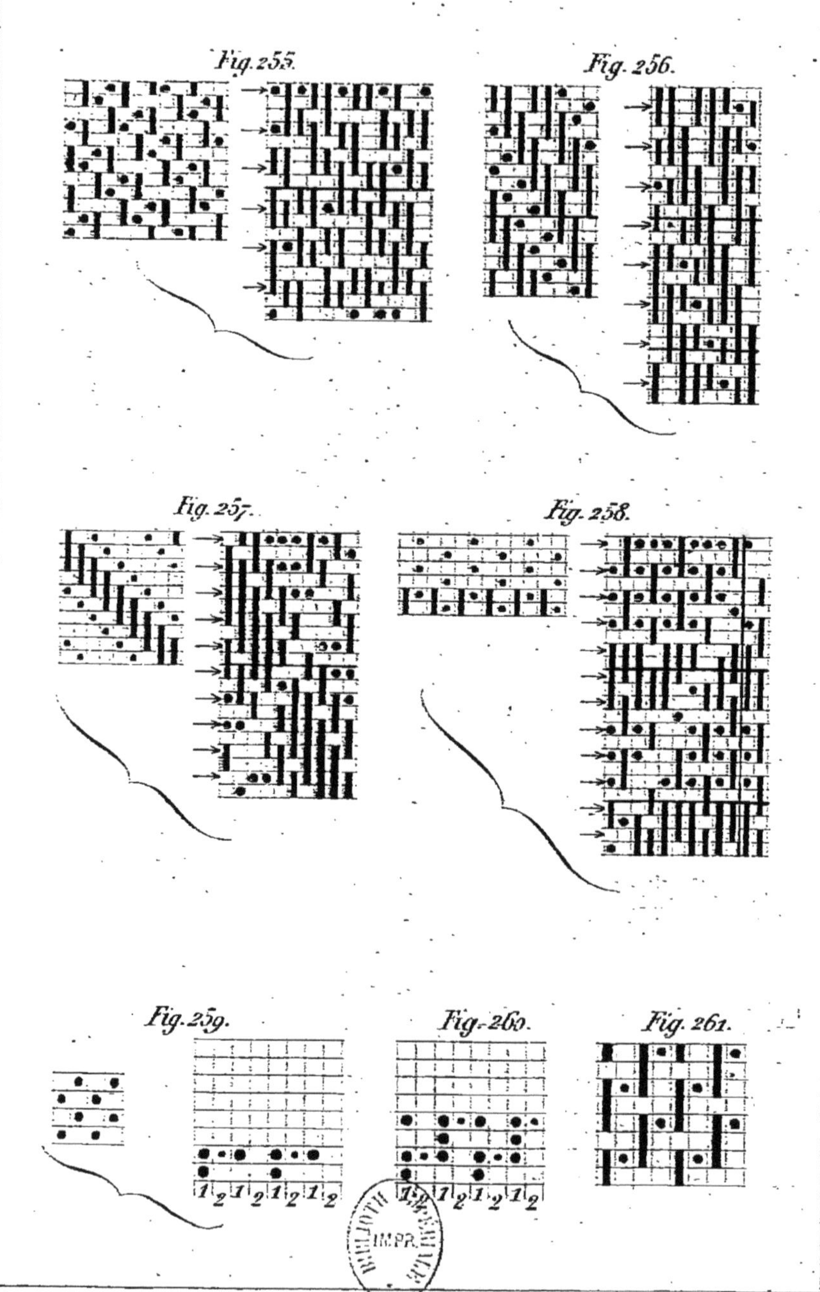

Fig. 255.
Fig. 256.
Fig. 257.
Fig. 258.
Fig. 259.
Fig. 260.
Fig. 261.
1 2 1 2 1 2 1 2 1 2
1 2 1 2 1 2 1 2

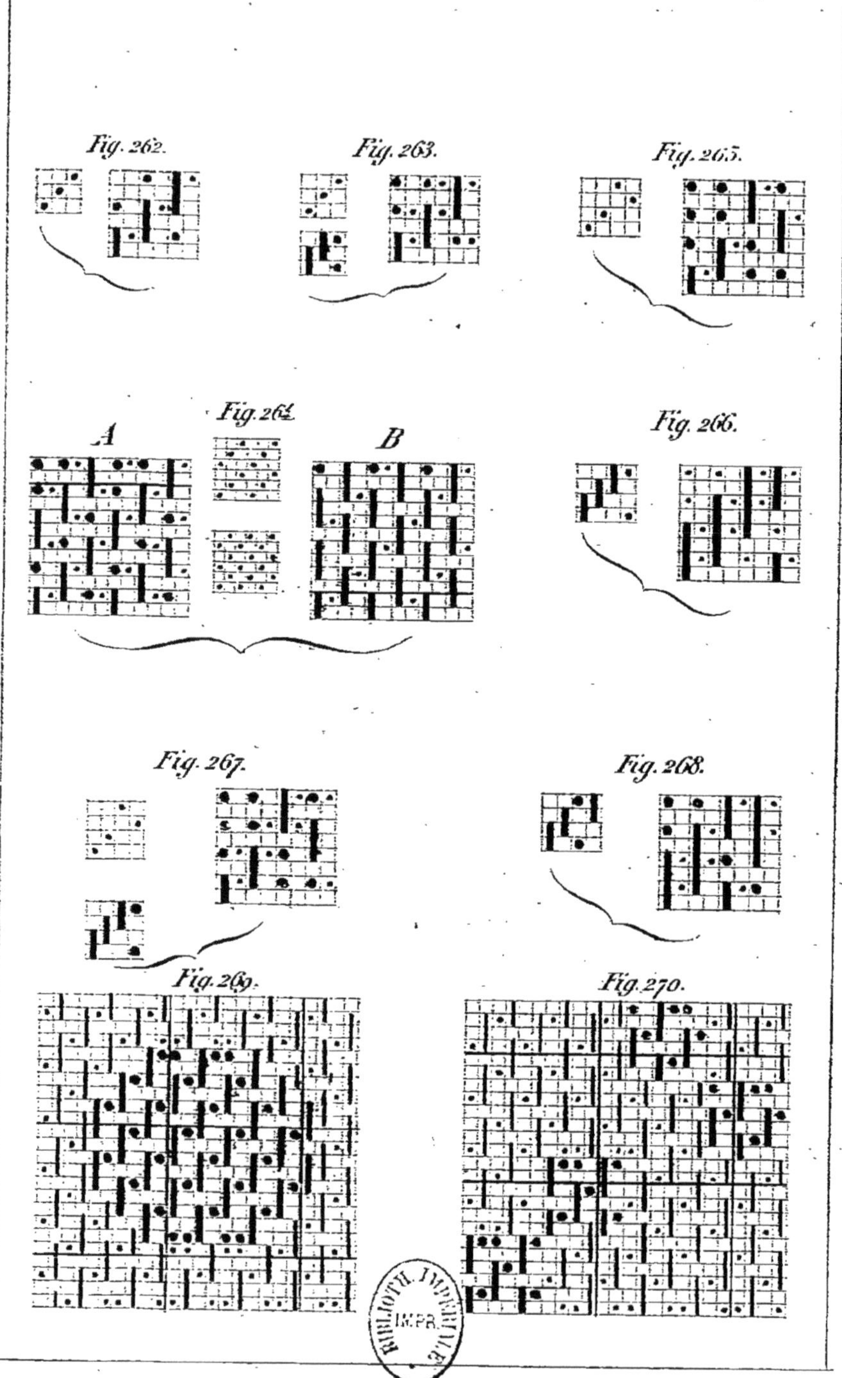

Fig. 262. Fig. 263. Fig. 265.

Fig. 264. A B Fig. 266.

Fig. 267. Fig. 268.

Fig. 269. Fig. 270.

Fig. 271.   Fig. 272.   Fig. 273.

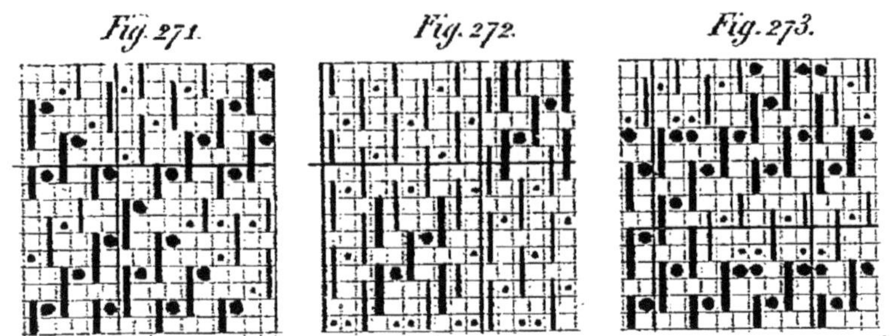

Fig. 274.

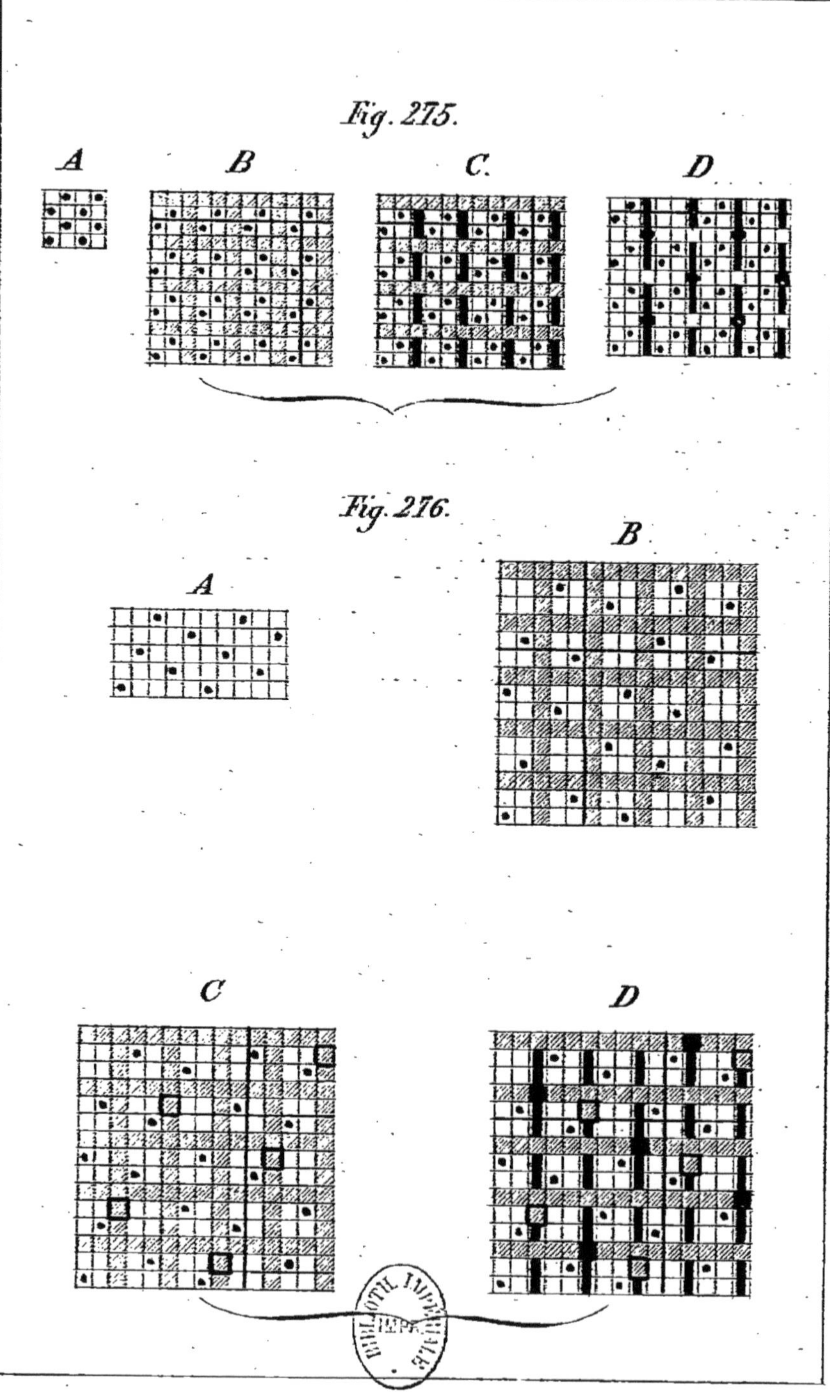

Pl. 30.
Fig. 275.
A
B
C
D
Fig. 276.
A
B
C
D

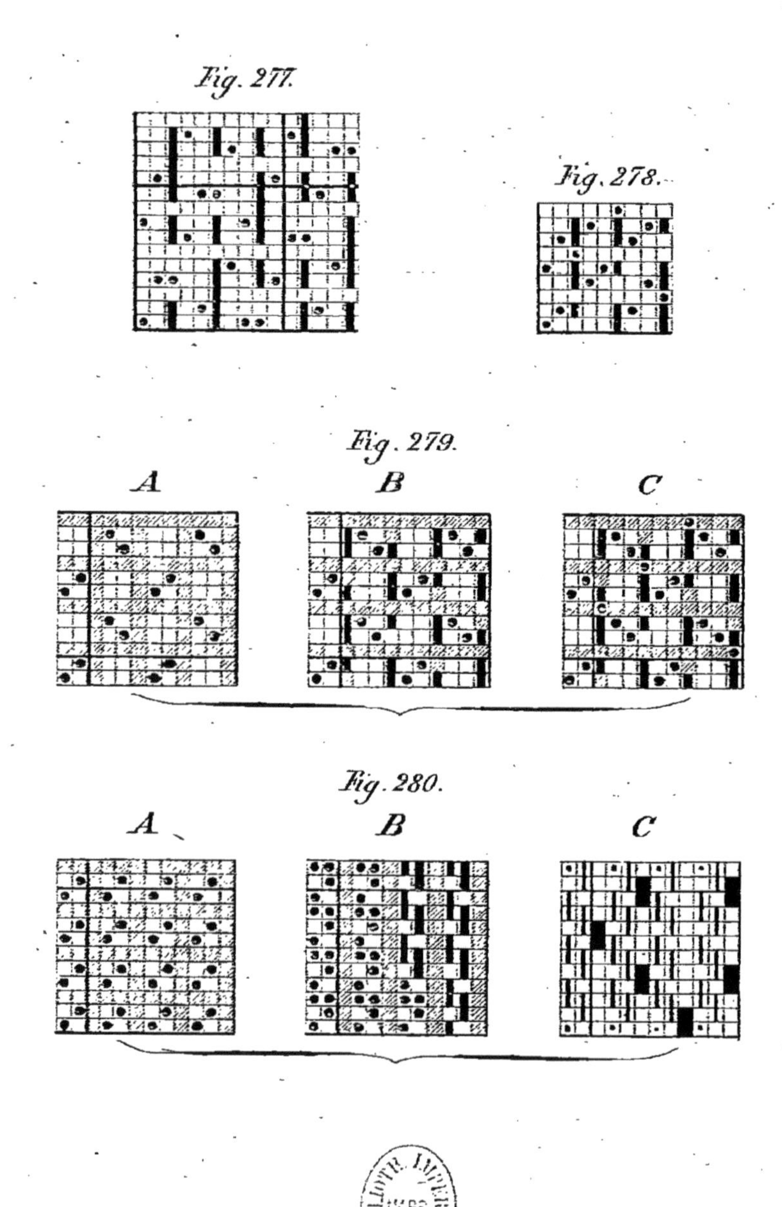

Fig. 277.

Fig. 278.

Fig. 279.

A   B   C

Fig. 280.

A   B   C

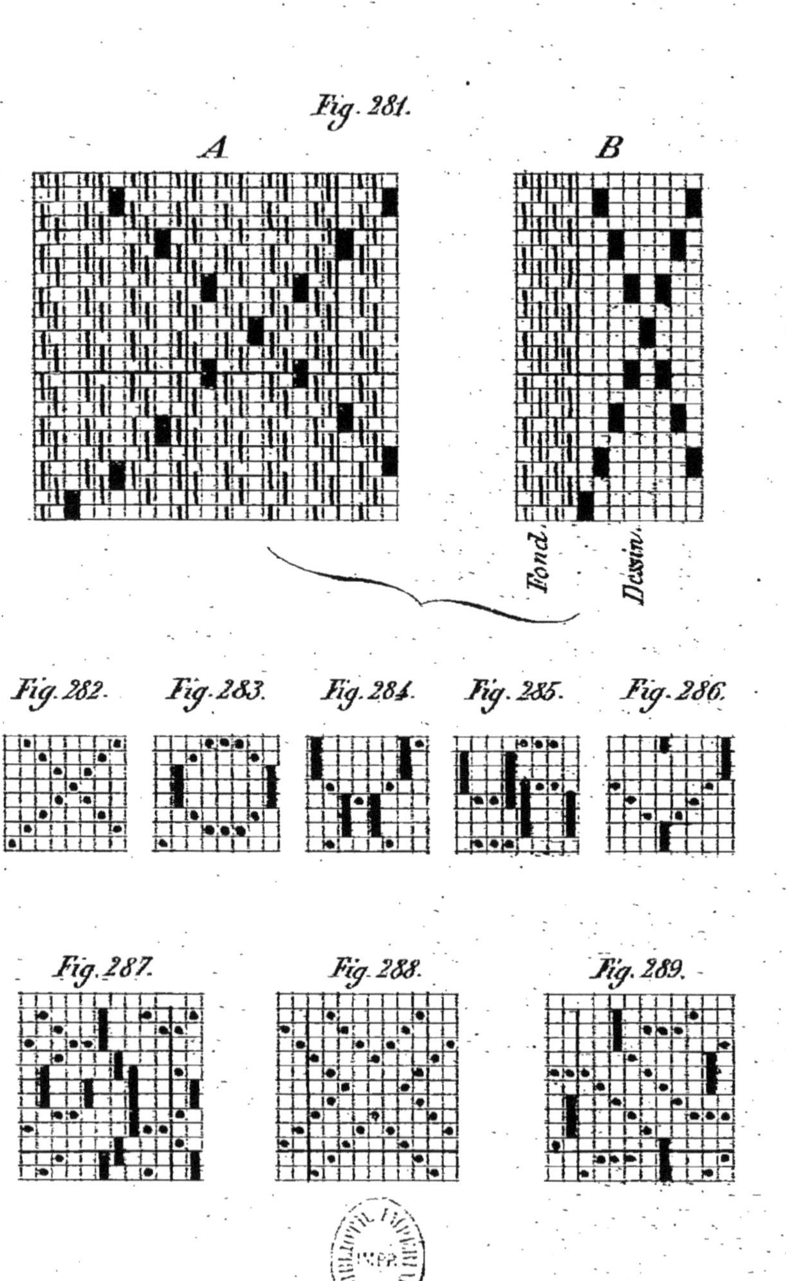

Fig. 281.
A
B
Fond.
Dessin.
Fig. 282.
Fig. 283.
Fig. 284.
Fig. 285.
Fig. 286.
Fig. 287.
Fig. 288.
Fig. 289.

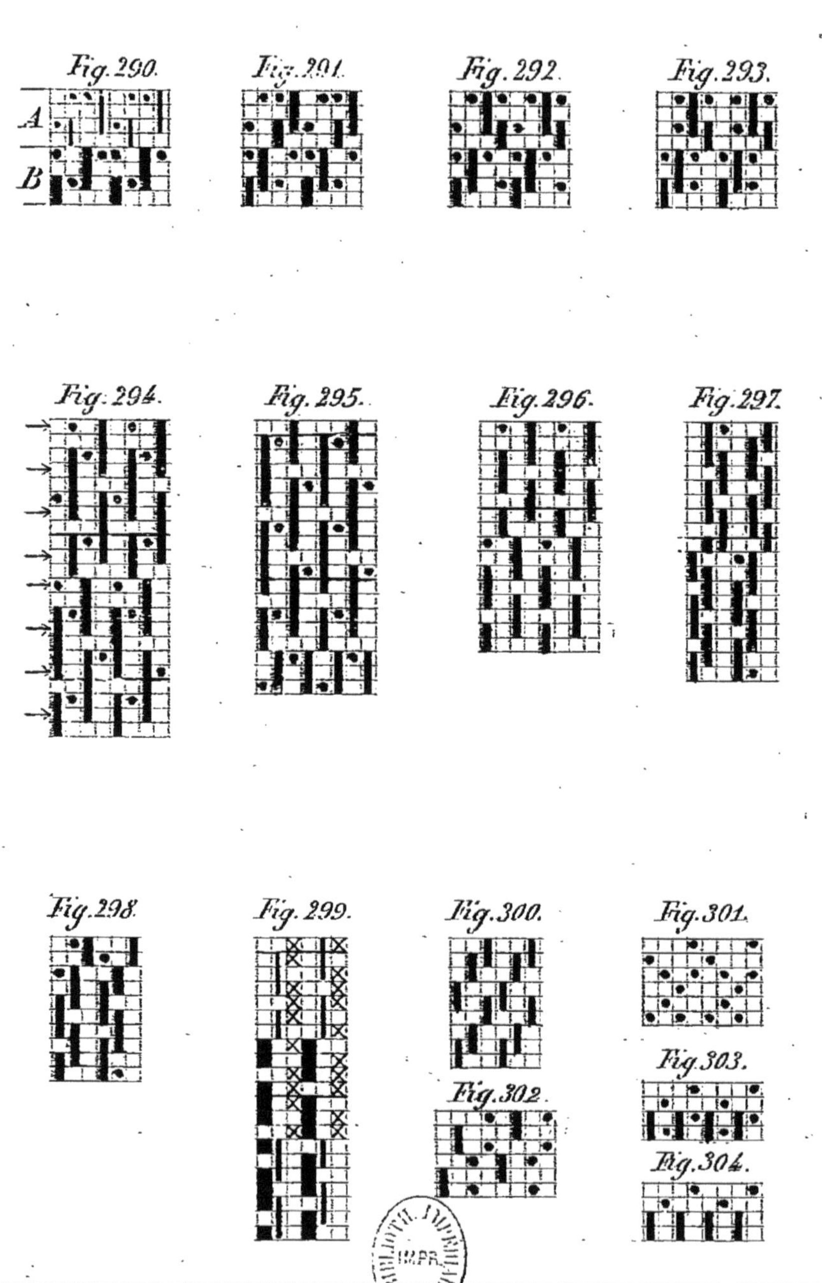
Fig. 290.
A
B
Fig. 291.
Fig. 292.
Fig. 293.
Fig. 294.
Fig. 295.
Fig. 296.
Fig. 297.
Fig. 298.
Fig. 299.
Fig. 300.
Fig. 301.
Fig. 302.
Fig. 303.
Fig. 304.

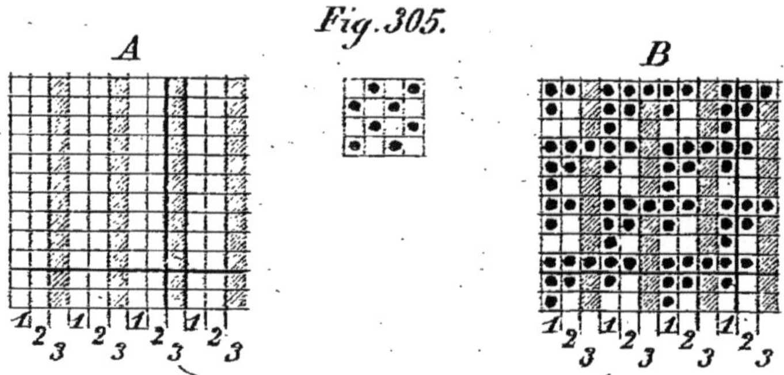
Fig. 305.
A
B
1 2 1 2 1 2 1 2
3 3 3 3
1 2 1 2 1 2 1 2
3 3 3 3

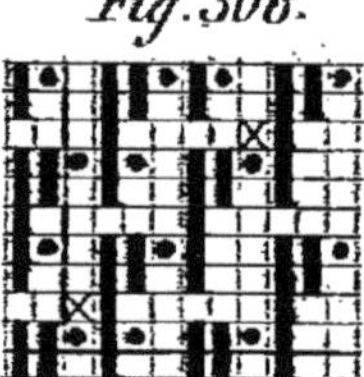
Fig. 306.

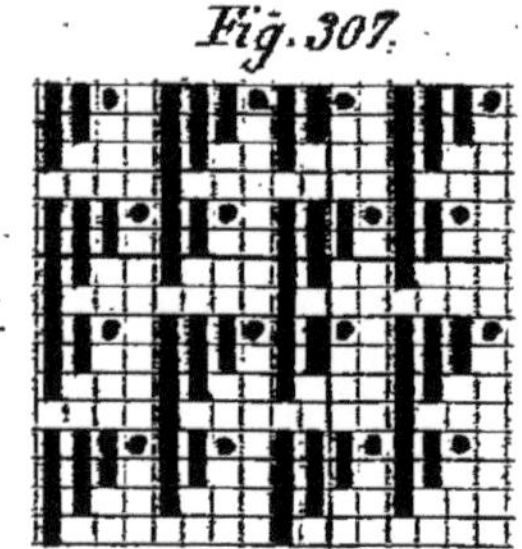
Fig. 307.

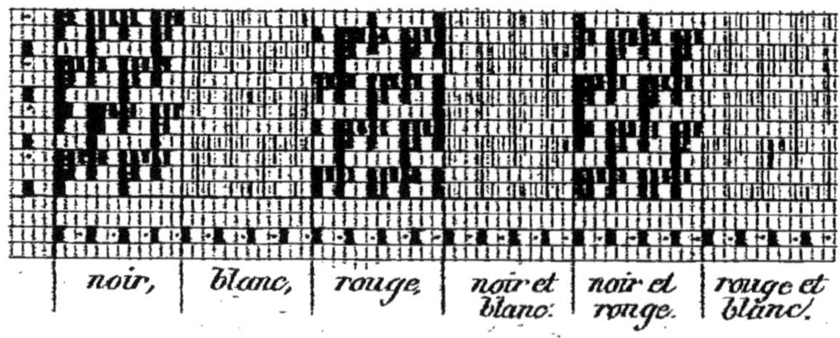
Fig. 308.
noir, | blanc, | rouge, | noir et blanc. | noir et rouge. | rouge et blanc.
Ourdissage et trâme. ■ noir □ blanc. ▣ rouge.

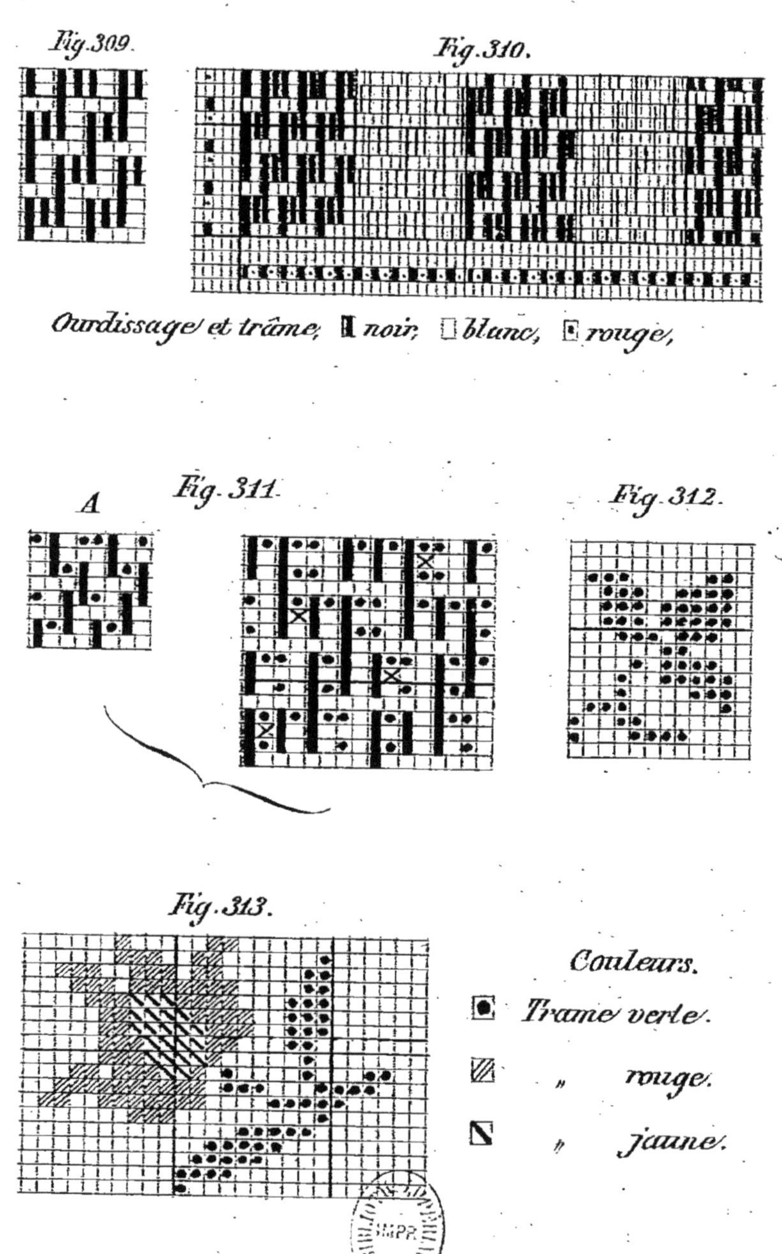
Fig. 309.
Fig. 310.
Ourdissage et trâme, ▮ noir, ☐ blanc, ▤ rouge.
A
Fig. 311.
Fig. 312.
Fig. 313.
Couleurs.
Trame verte.
„ rouge.
„ jaune.

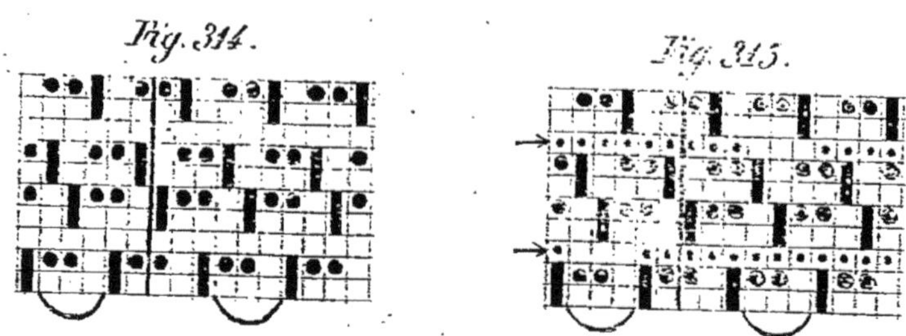

Fig. 314.

Fig. 315.

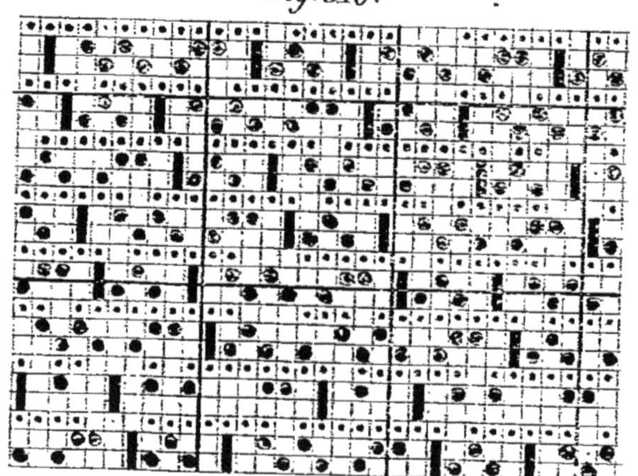

Fig. 316.

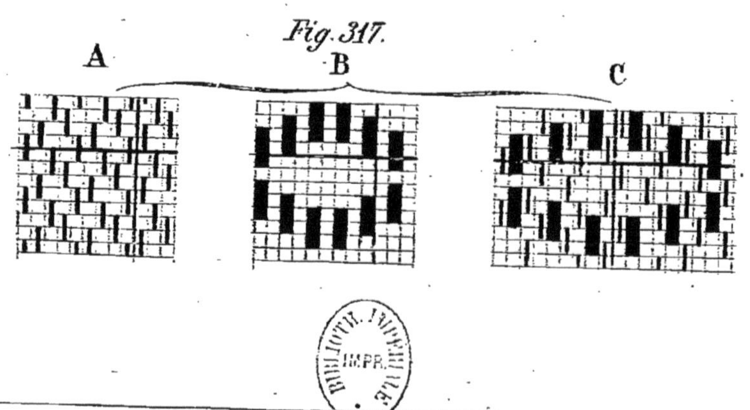

Fig. 317.

A B C

Fig. 318.

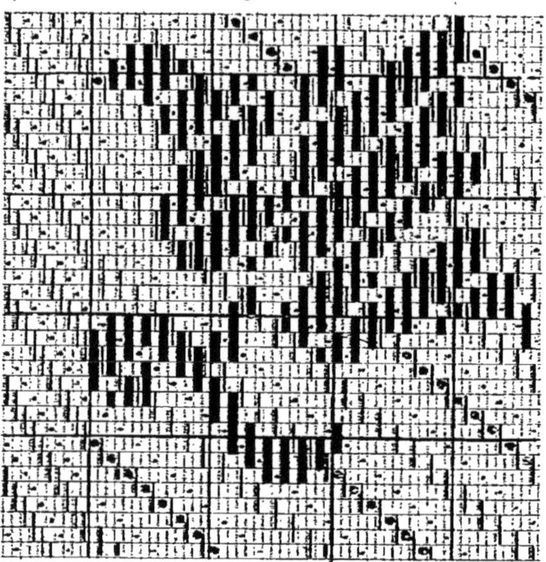

Fig. 319.

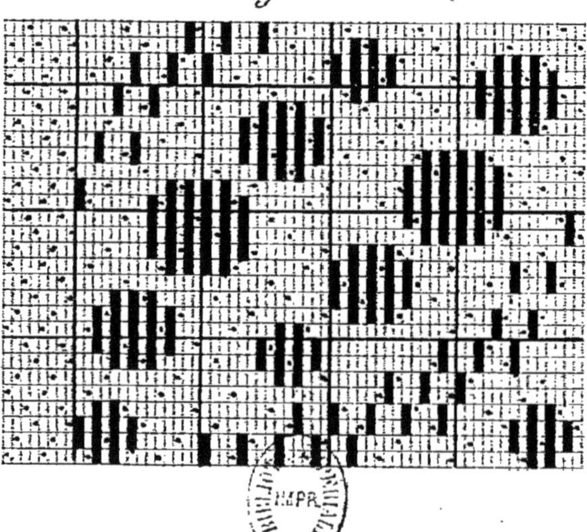

Fig. 320.

Fig. 321.

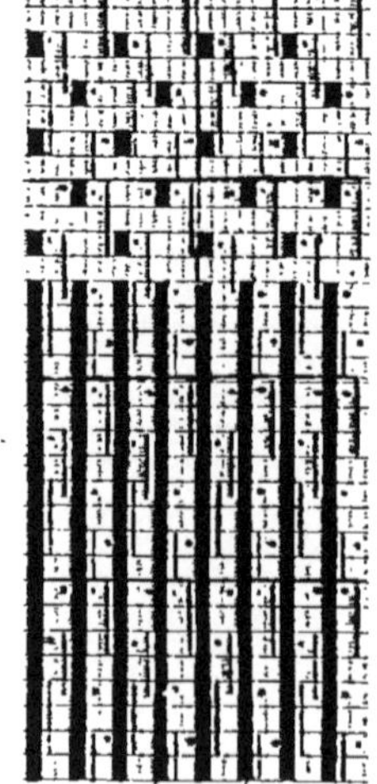

Fig. 322.

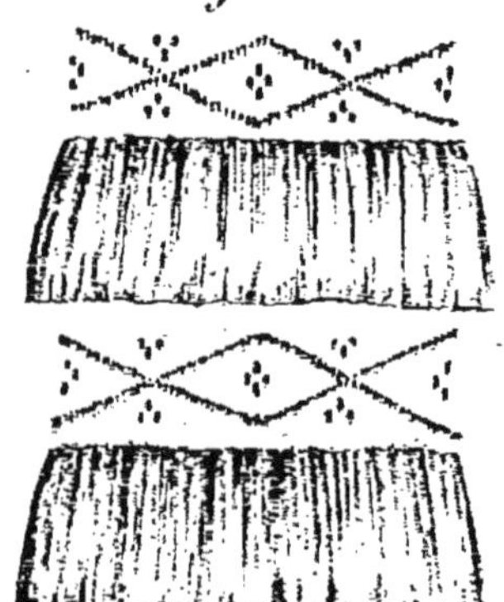

Fig. 323.

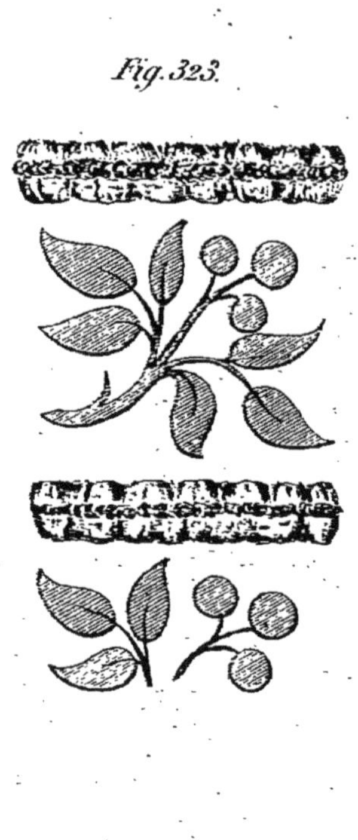

Fig. 324.

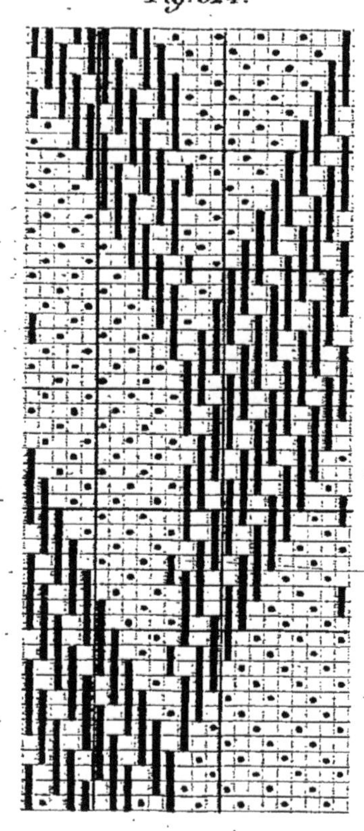

Fig. 325.

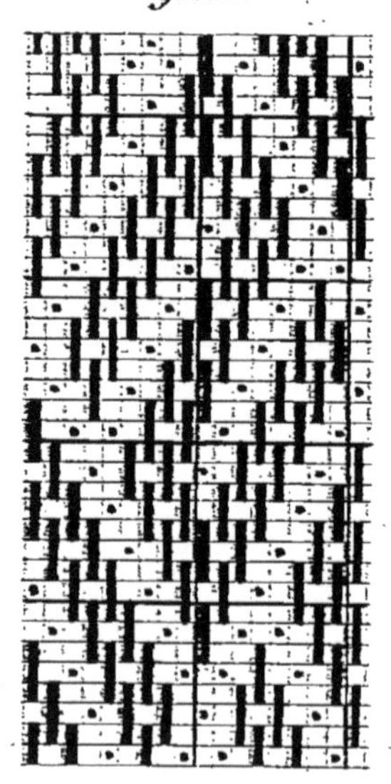

Fig. 326.

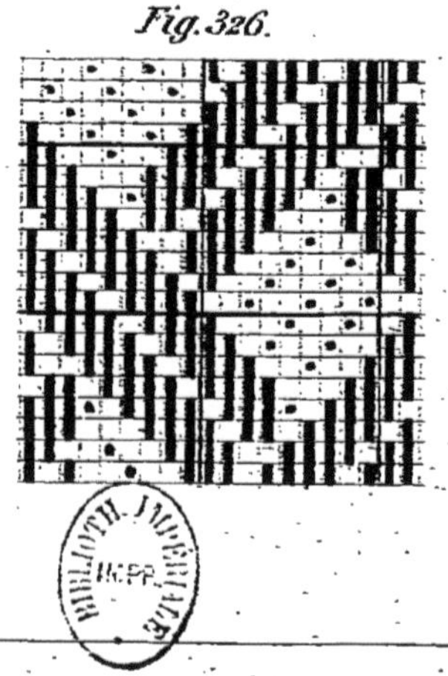

Fig. 327.

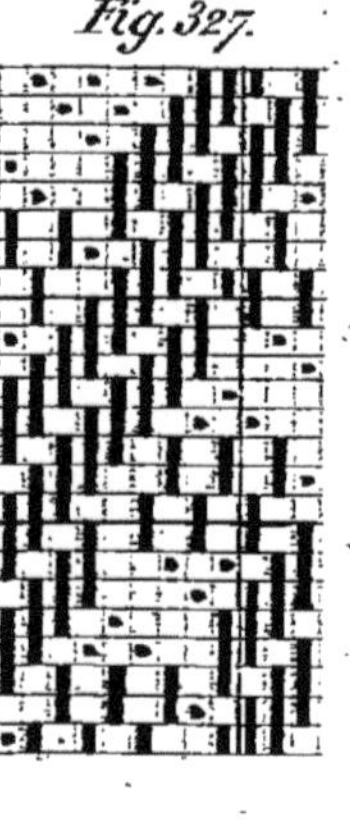

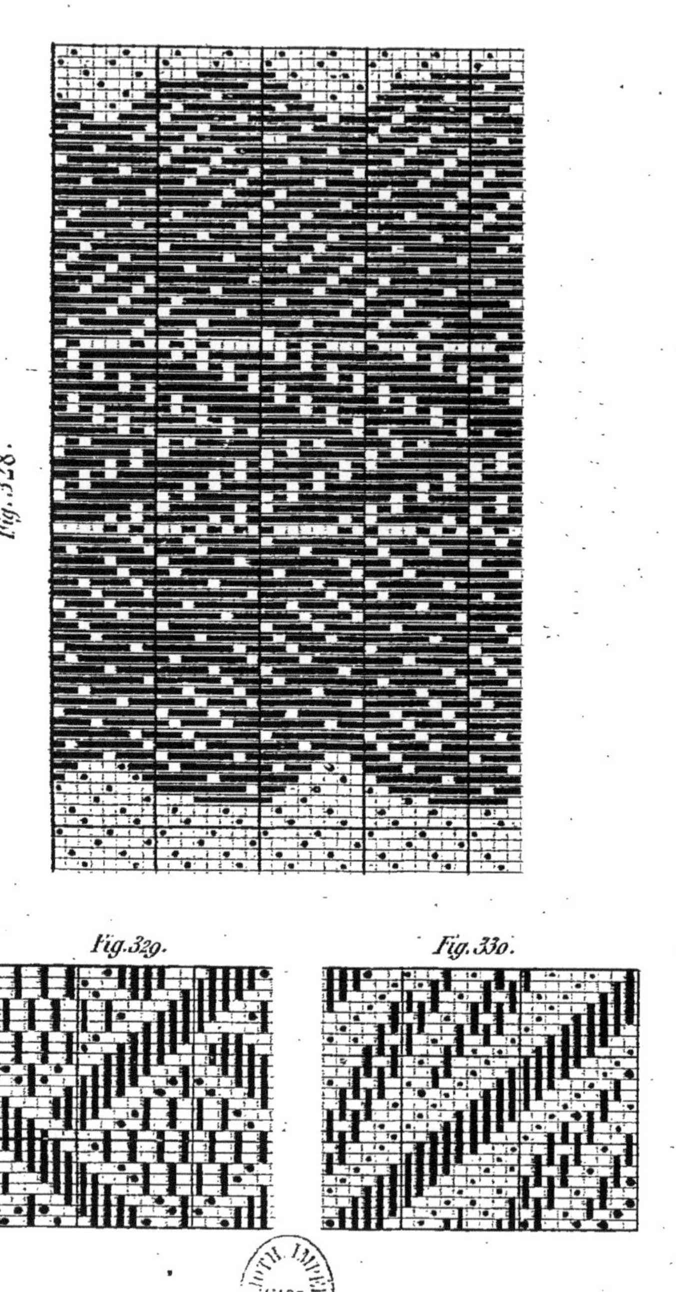

Fig. 328.
Fig. 329.
Fig. 330.

Fig. 331.

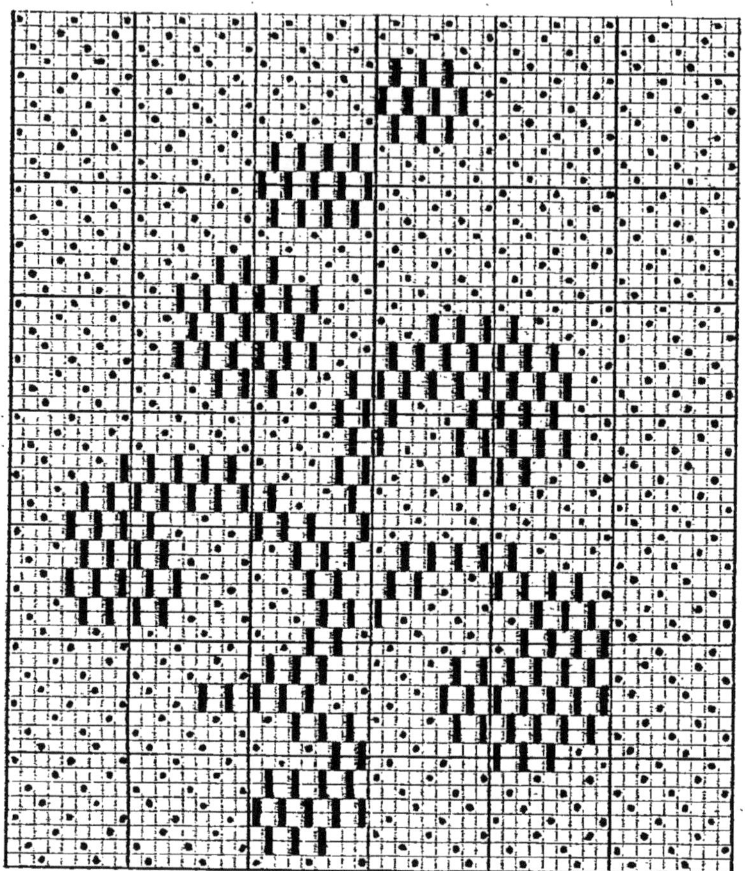

Fig. 332.

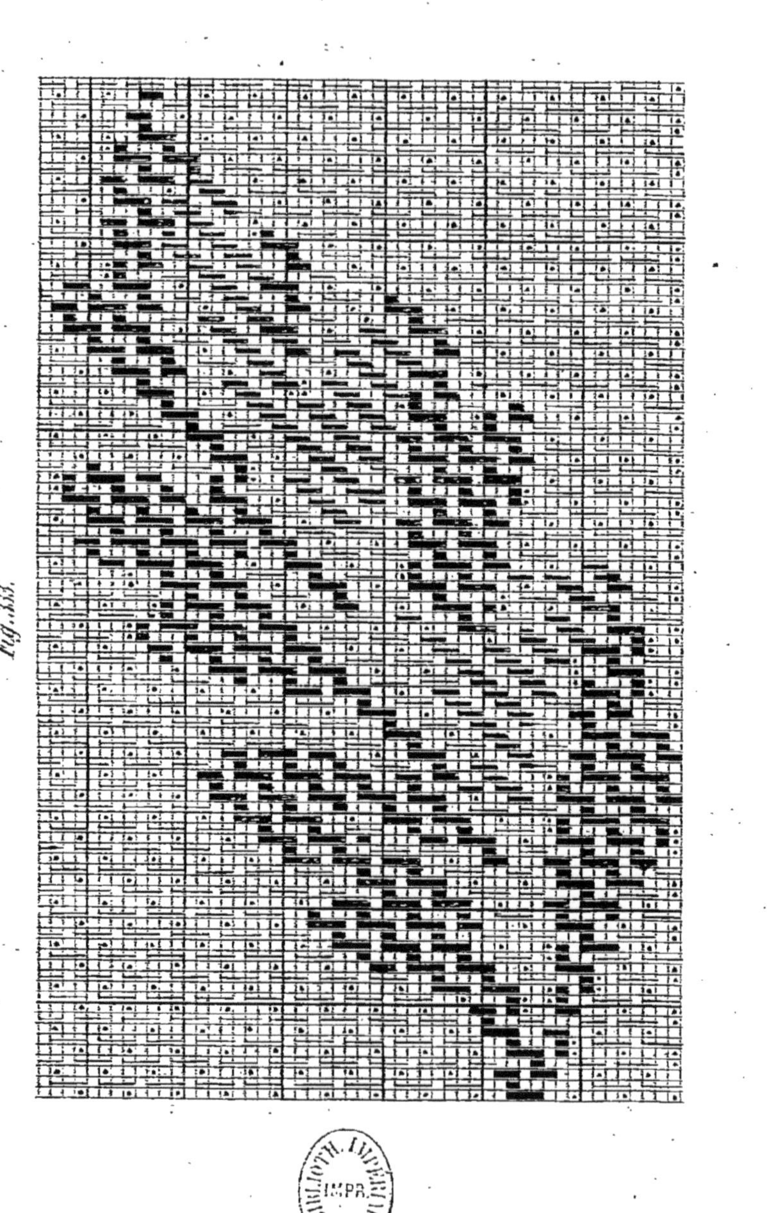

Fig. 333.

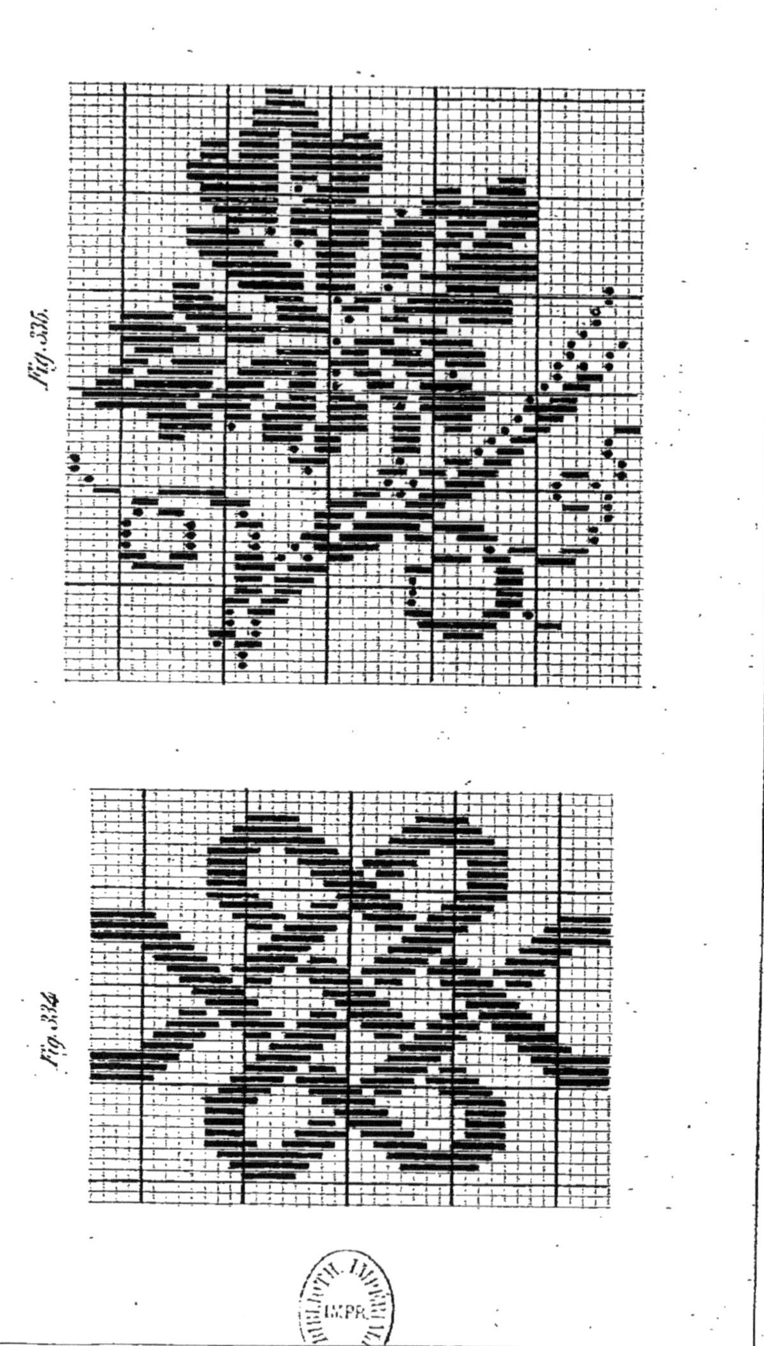
Fig. 335.
Fig. 334

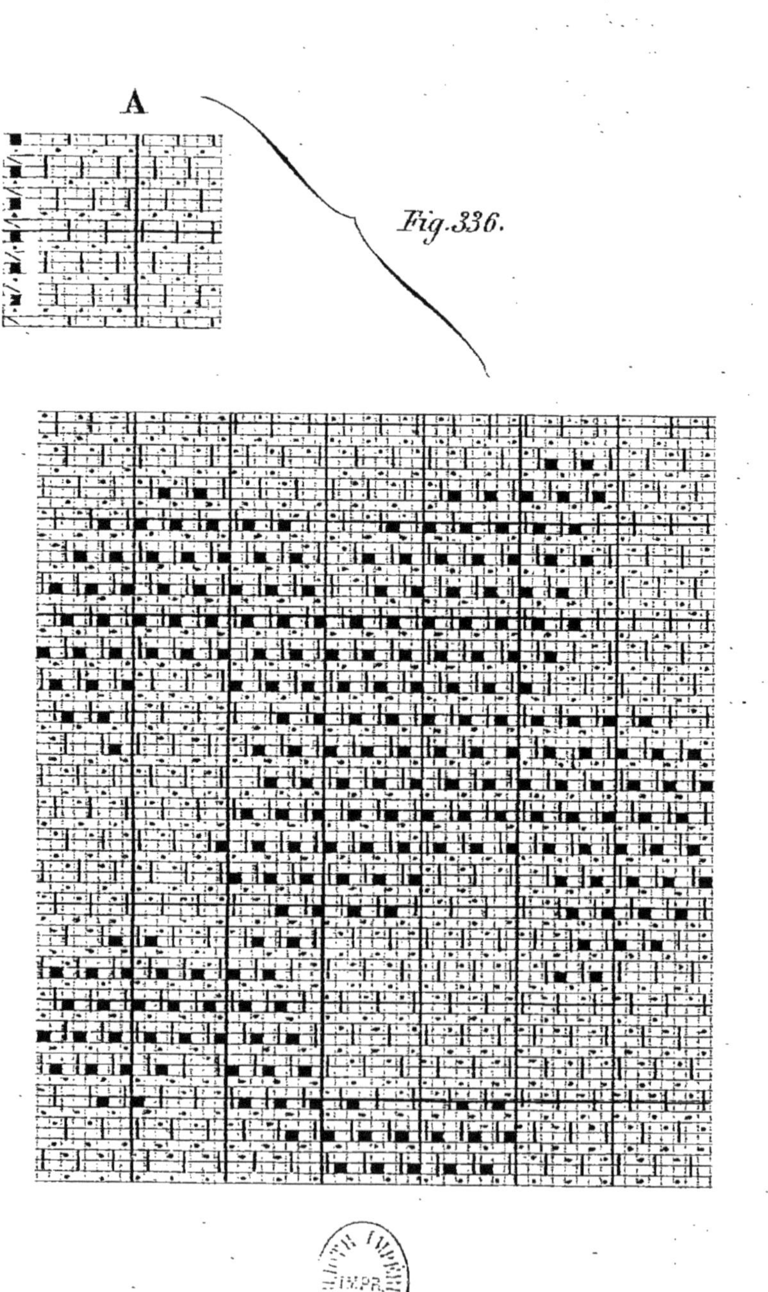

A

Fig.336.

Fig. 337.

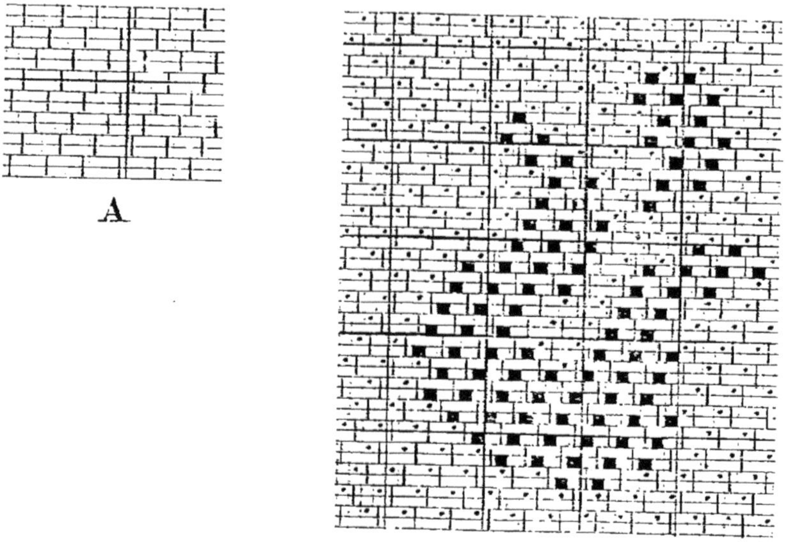

A

Fig. 338.

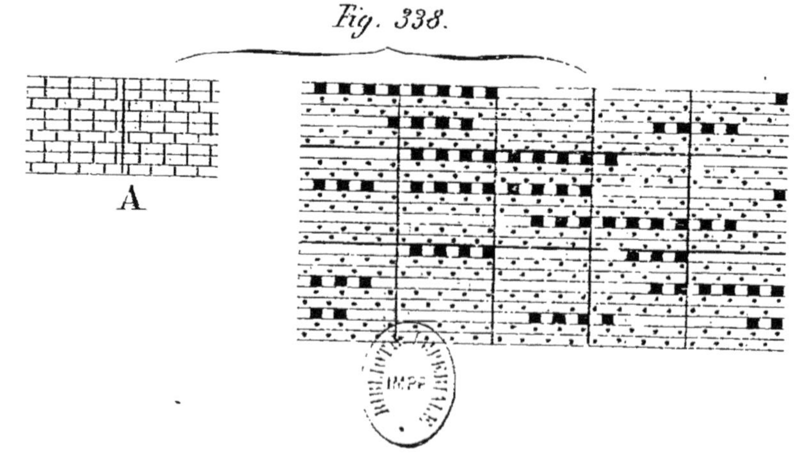

A

Fig. 339.

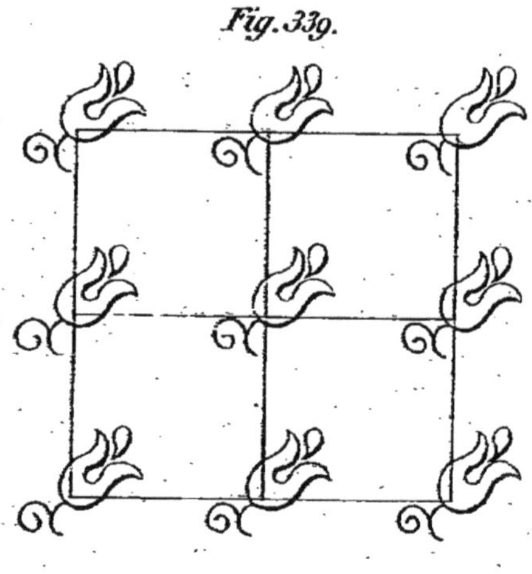

Fig. 340.

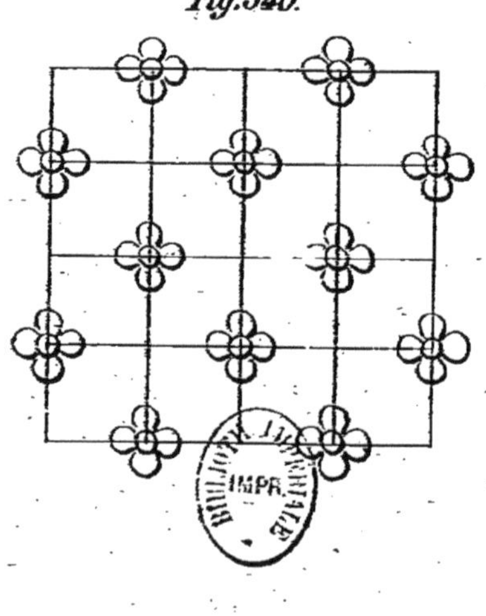

Fig. 341.

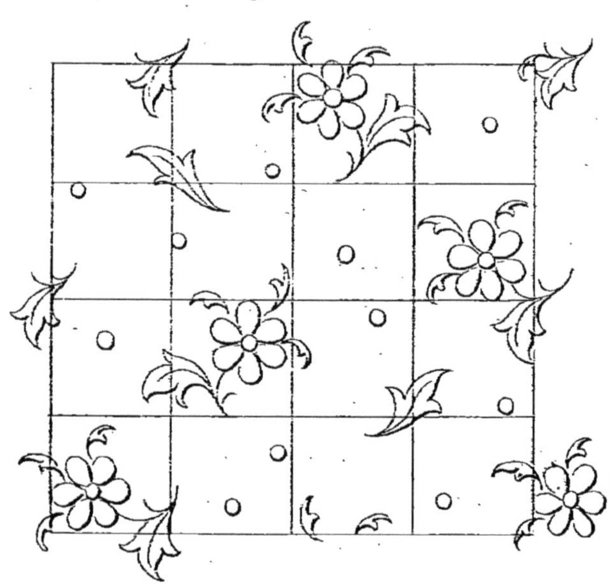

Fig. 342.

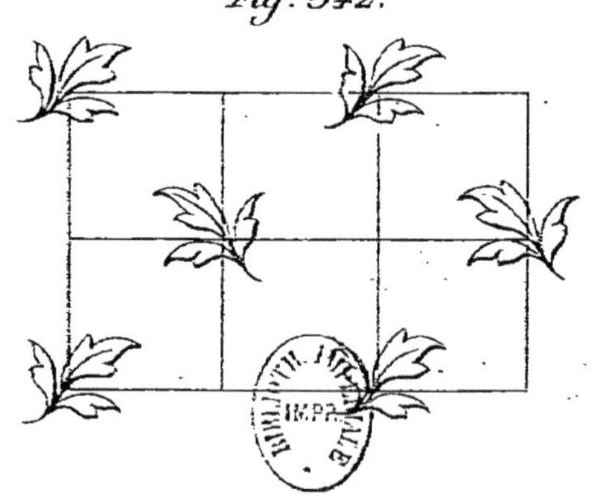

Fig. 343.
Fig. 344.
A
B
A'
B'

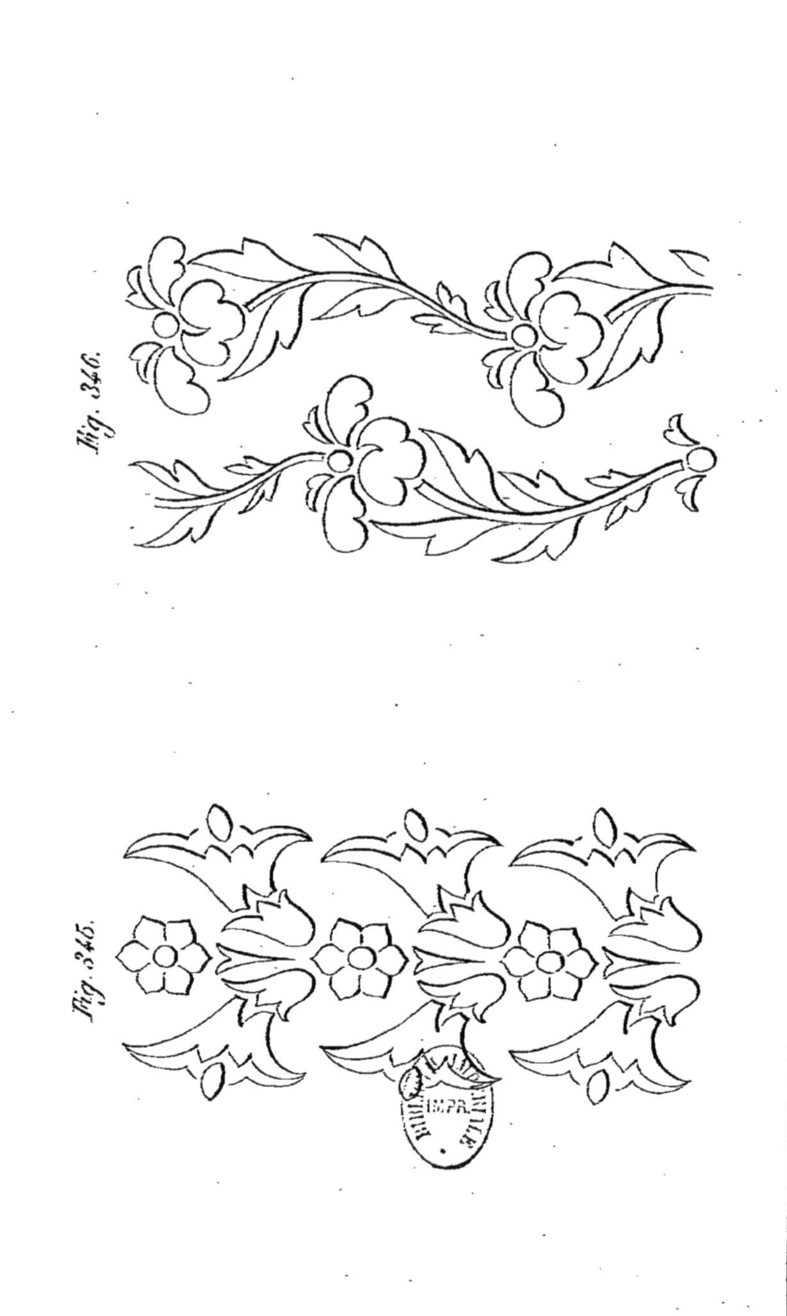

Fig. 346.

Fig. 345.

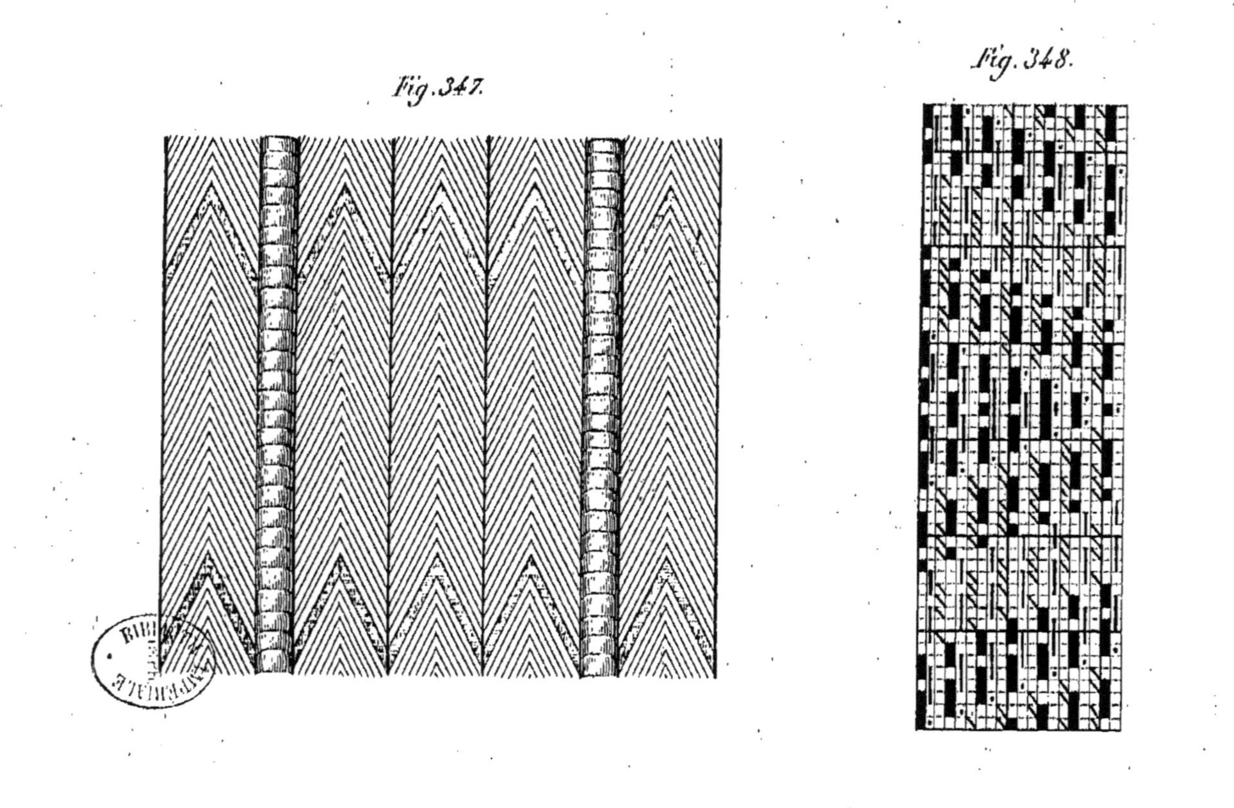

Fig. 347.

Fig. 348.

Fig. 349.

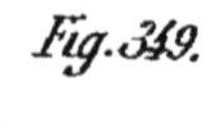

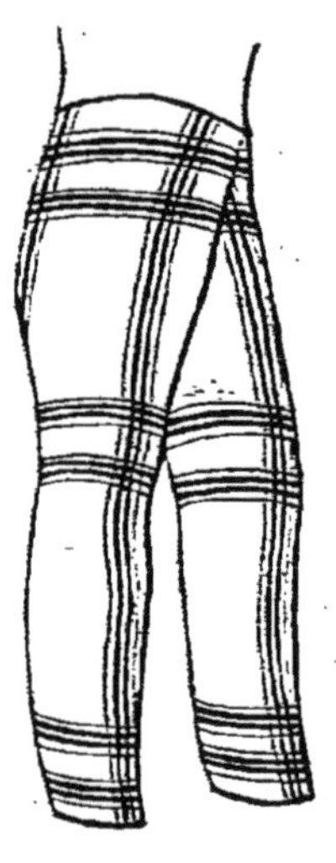

Fig. 350.

Fig. 351.

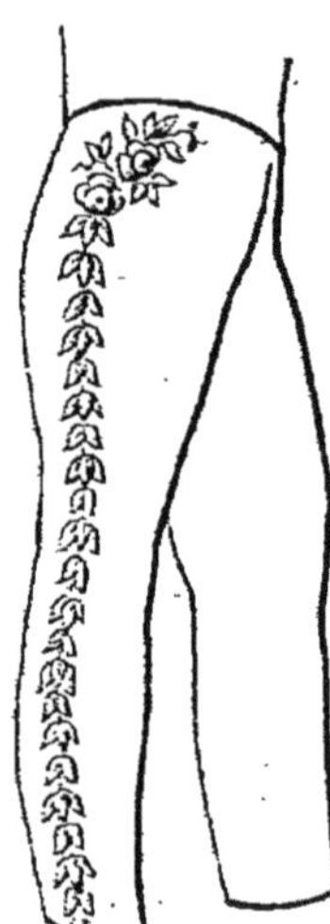

Fig. 352.

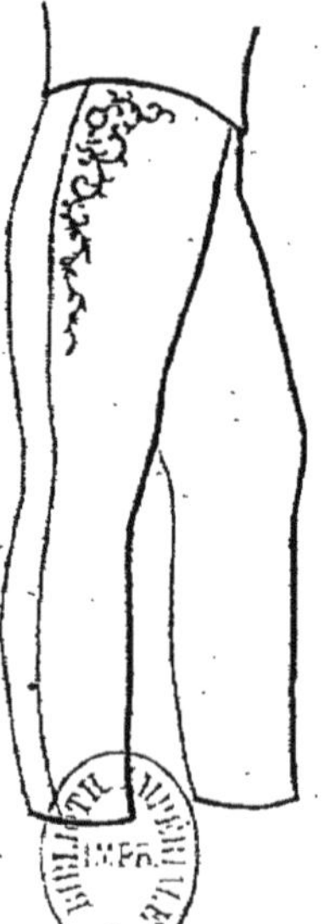

Fig.353.

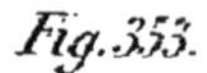

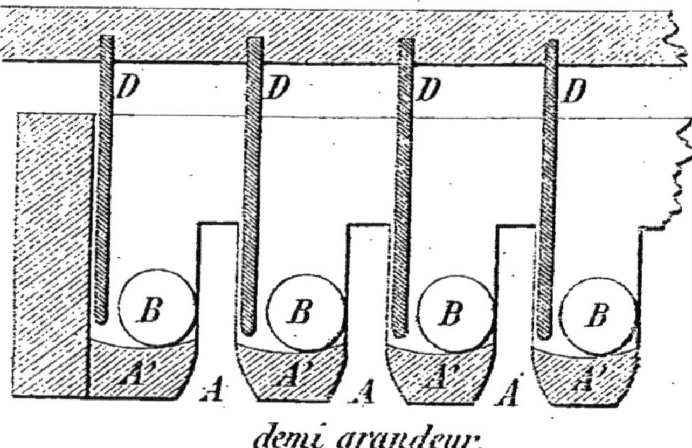

demi grandeur.

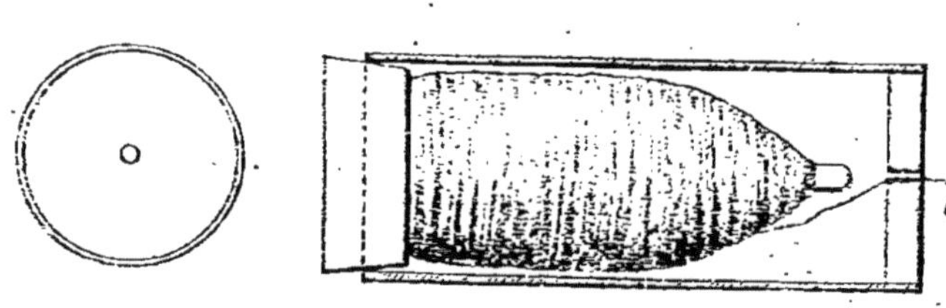

détail du Cylindre.
grandeur naturelle.

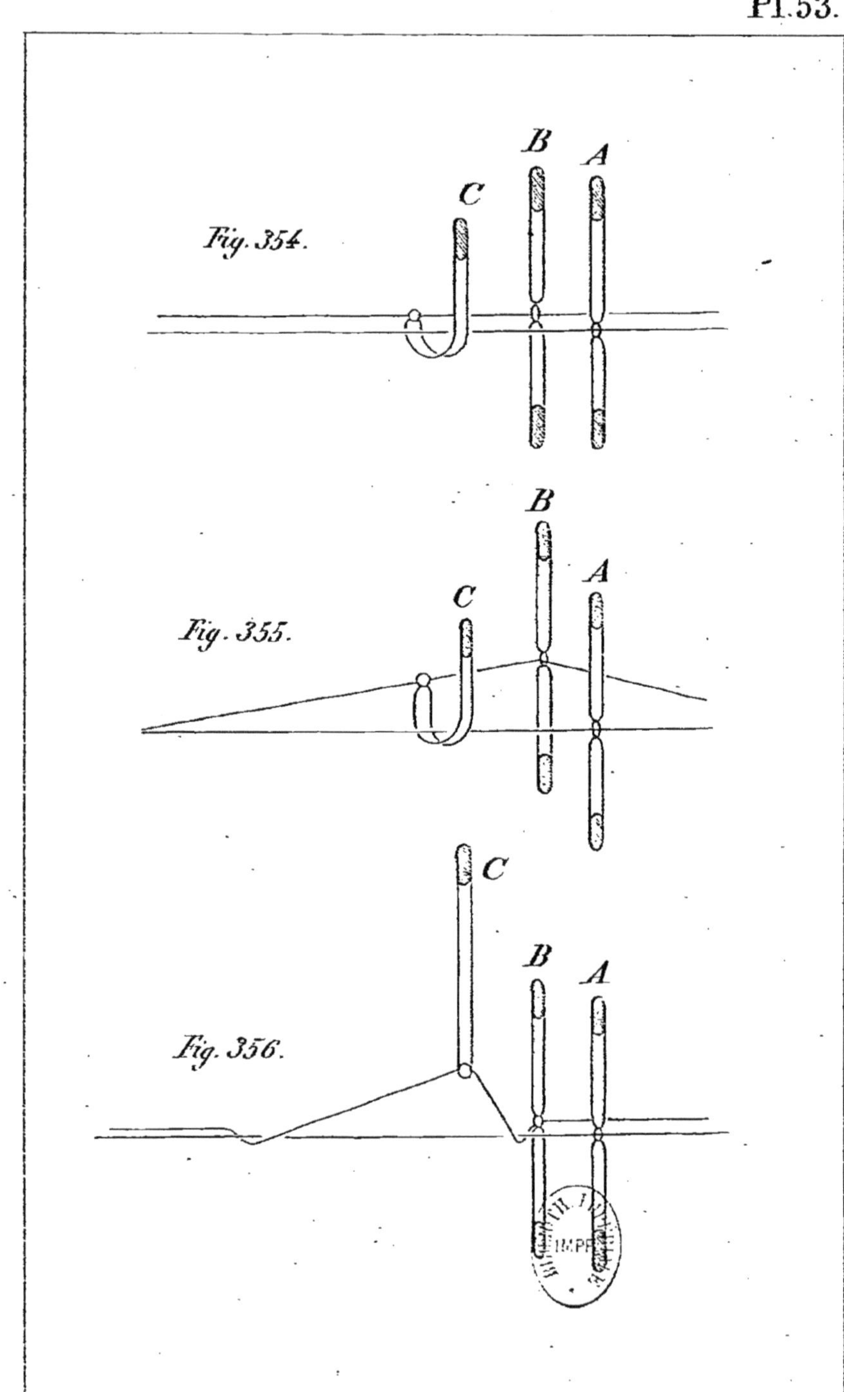

Fig. 354.
C
B
A
Fig. 355.
C
B
A
Fig. 356.
C
B
A

Fig. 357.

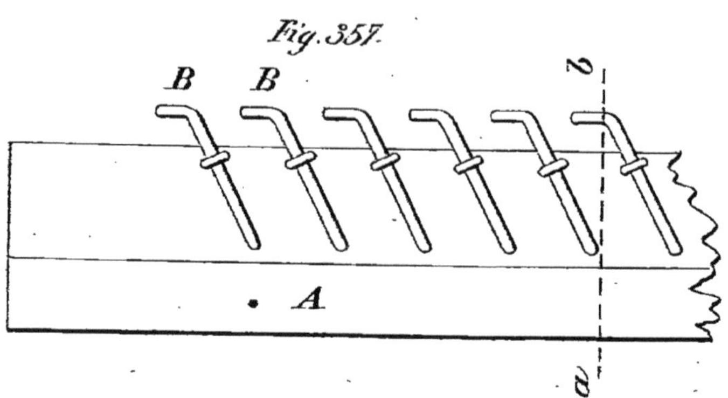

Coupe sur la
ligne a.b.

demi grandeur.

Fig. 358.

Fig. 359.

Fig. 360.

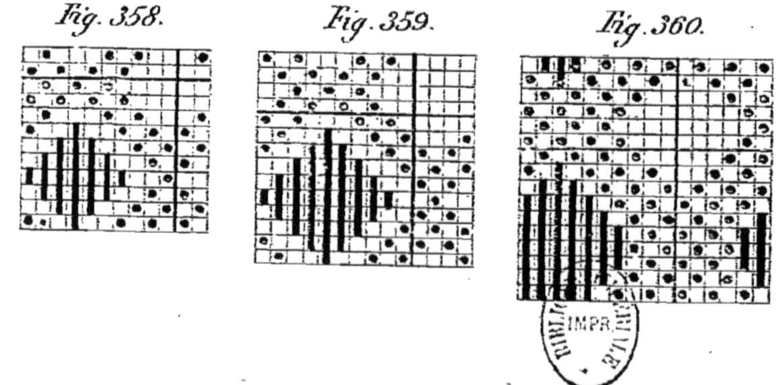

Fig. 361.

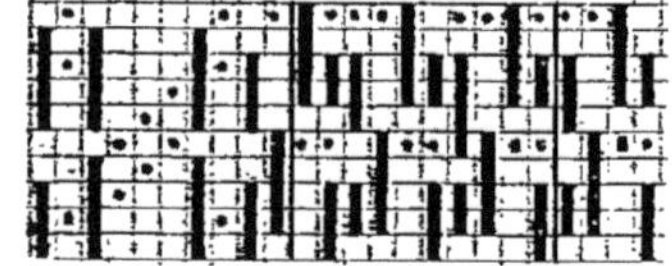

Fig. 362.

Fig. 363.

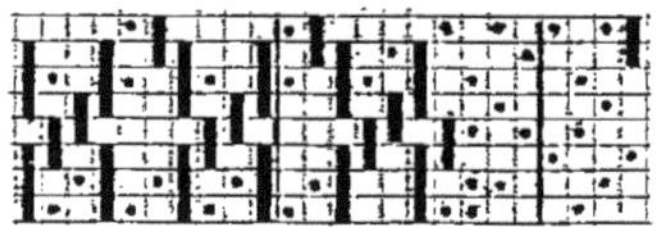

Effet.

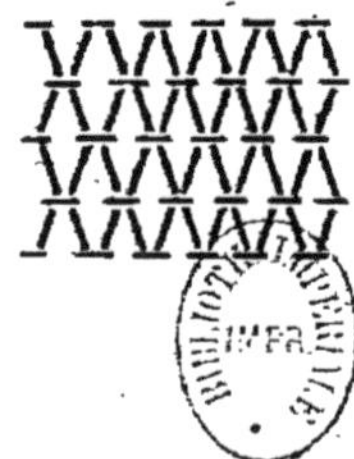

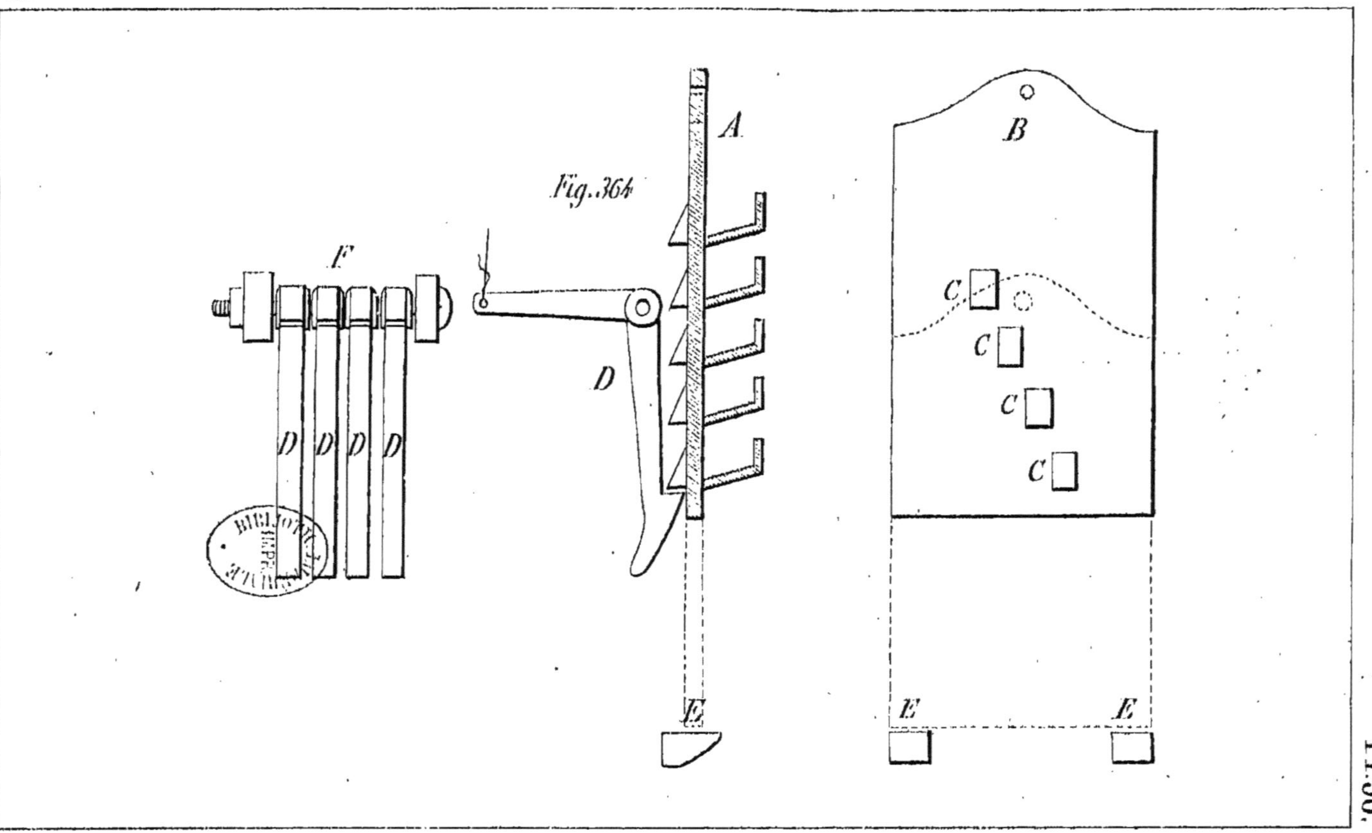

Fig. 364
F
D D D D
A
D
E
B
C
C
C
C
E E
Pl. 56.

TABLE DES PLANCHES.